AF311964

LE
GRAMMAIRIEN
FABULISTE.

LE GRAMMAIRIEN
FABULISTE,
OU PRINCIPES
DE LA
GRAMMAIRE FRANÇAISE ;

Mis à la portée du premier âge, et confirmés par des Fables aussi instructives qu'amusantes.

PAR F. SAUGER-PRÉNEUF,

Ex-Professeur de Grammaire générale ; à l'École Centrale du Département de la Haute-Vienne ; Directeur d'École Secondaire, et associé-correspondant de la Société des Sciences, Belles-Lettres et Arts de Bordeaux.

Utile dulci.

SE TROUVE A PARIS,

Chez {
PERNIER, Libraire, rue de la Harpe.
Veuve NYON, rue du Jardinet, n.º 2.
BARBOU, rue des Mathurins.
HACQUART, rue de la Harpe, n.º 239.

ET A LIMOGES,

Chez l'AUTEUR, rue des Combes, n°. 234.

AN 13. —— 1805.

A MA FILLE.

POURQUOI ne te dédierois-je pas cet Ouvrage ? La Grammaire a été le premier objet de tes études. Je t'ai vue t'occuper sans peine, sans contrainte, sans efforts, je dirai même, avec plaisir, de cet art intéressant, dans un âge où la plupart des enfants ne songent guères qu'aux amusements frivoles. Tes progrès dans les éléments des Sciences, (progrès que tu dois moins, sans doute, à ta pénétration et à ta vivacité naturelles qu'aux soins affectueux d'une parente aimable, (1)

____

(1) *Madame Sénemaud, rue des combes, près la monnoie.*

d'une institutrice aussi vertueuse qu'é-
clairée) font, tous les jours, mon bonheur et celui de ta mère. Puisses-tu ne
jamais perdre ce goût que tu annonces
pour toutes les connoissances utiles !
Ma Fille, une prétention ridicule au
savoir, des manières affectées, un ton
tranchant dans la conversation, déparent
les charmes de ton sexe ; mais ils reçoivent d'une instruction saine, d'un langage pur, d'un air décent et modeste,
leur éclat le plus brillant et le plus solide.

SAUGER-PRÉNEUF.

PRÉFACE.

Ｏｎ convient généralement que l'étude de la Langue Française est utile, nécessaire, indispensable; ne devons-nous pas être étonnés, d'après cela, qu'on cherche si peu les moyens d'en rendre les abords moins secs et moins rebutants ? Les premiers principes de toutes les Sciences sont toujours difficiles à saisir. Cependant, ne peut-on pas dire que souvent les difficultés viennent plutôt de la manière de présenter les choses, que des choses elles-mêmes? Nous avons une foule de Grammaires françaises que l'on croit rendre plus dignes d'indulgence, en les décorant du titre modeste d'*éléments*, et qui certainement ne sont rien moins qu'*élémentaires*. Prononciation, orthographe, syntaxe, tout est brouillé, tout est confondu. Aucune ne présente dans la distribution des matières cette clarté, cette précision, cet ordre, si favorables au développement des facultés intellectuelles. On y trouve, à la place, des définitions obscures, inexactes ; des règles fausses ou mal expliquées ; des exemples entassés sans goût, et dont la plupart sont d'une trivialité révoltante.

L'ouvrage que j'offre, aujourd'hui, à la jeunesse, est composé sur un plan absolument neuf. Destiné seulement à faire connoître les parties du discours, pour aider à leur classification, il ne contient que des idées générales sur chaque espèce. J'ai cru devoir réserver pour un âge plus avancé, des détails et des explications qu'il est impossible qu'un enfant de 8 et même de 10 ans puisse saisir sans la plus grande peine. Imitant en cela la sage prévoyance d'une mère tendre, affectueuse, qui ne présente à son jeune fils que des mets légers, délicats, que son estomach puisse recevoir et digérer sans efforts.

L'intelligence ne se développe que lentement et par degrés. Pourquoi ne pas composer des livres *vraiment élémentaires*, où l'étendue des ma tières soit proportionnée à l'étendue de la capacité de l'élève ; où la difficulté des leçons soit accommodée à la marche progressive de sa raison, et en suive les divers accroissements !

C'est une erreur de croire que les enfants soient susceptibles de beaucoup de raisonnement. D'un caractère naturellement léger, inconstant, volage, ils n'aiment pas à s'occuper long-temps de choses sérieuses et graves. Le grand art de l'Instituteur est de trouver le moyen ingénieux de fixer leur imagination, en leur présentant l'objet de ses leçons sous le point de vue le plus riant et le plus récréatif. Y aurai-je réussi dans ce petit traité où j'ai tâché de tout définir, de tout expliquer de la manière la plus simple et la plus précise, et d'où j'ai écarté avec la plus scrupuleuse attention toutes les épines qui peuvent ou blesser l'élève, ou l'embarrasser dans sa marche ?

Les fables sont du goût de tout le monde. La Fontaine, Florian, Lamotte, Berenger, Richer, Groselier, Clément, Aubert, ont su

rendre ce genre d'instruction si aimable, si touchant, si gracieux, que
les ames mêmes les plus vicieuses,
ne peuvent s'empêcher de sourire à
la vérité parée de tous les charmes
de l'allégorie. C'est sur-tout chez les
enfants que les fables produisent les
sensations les plus vives et les plus
agréables. Ce sont de petits drames
dont les acteurs sont sans cesse sous
leurs yeux. Leurs mœurs, leurs ac-
tions, leurs discours, en rapport
avec leur âge, les égayent, les dis-
traient, les amusent et les récréent.
Pouvois-je choisir, à l'appui des principes que j'expose, des exemples qui
fussent pour eux plus attachants et
en même-temps plus utiles? (1) Pour

____

(1) Par le titre de *Grammairien fabuliste* que je
donne à mon Ouvrage, je n'entends point, comme on
le voit, un *Grammairien qui fait des Fables*, mais un
Grammairien qui a du goût pour les Fables, et qui pour
tempérer la sécheresse de ses préceptes, cite à propos
celles qu'ont faites nos meilleurs Auteurs. Ce mot, je le
sais, ne se trouve pas dans nos dictionnaires avec cette
signification. Ne peut-on pas cependant la lui donner?
J'ai consulté des personnes d'un goût sûr, délicat. Toutes
m'ont affirmé que la nouvelle acception dans laquelle je
prends le mot *fabuliste*, n'a rien de forcé, ni de contraire aux lois de l'analogie. J'ai cédé d'autant plus volontiers à leur opinion, que je n'ai réellement trouvé
dans notre langue aucun équivalent, pour rendre mon
idée d'une manière aussi précise.

les intéresser davantage, j'ai pris, parmi les fables de nos écrivains les plus distingués, celles dont la morale pure, douce et aisée à retenir, s'insinue comme d'elle-même dans les cœurs, et les flatte tout en les instruisant.

J'ai adopté dans cet ouvrage la forme des demandes et des réponses. L'expérience me prouve tous les jours que c'est le moyen de soulager la mémoire de l'élève, et de le forcer à mettre un peu d'ordre dans ses idées. Ceux qui suivent une marche contraire peuvent avoir d'excellentes raisons pour n'en point changer. La meilleure méthode est toujours celle que l'enfant suit sans répugnance, et qui se trouve, à la fin de l'année, couronnée du succès.

Je ne saurois trop recommander à tous ceux qui étudient la Langue Française, de s'attacher d'une manière toute particulière à la Classification des mots. J'appelle ainsi l'art de ranger chaque élément du discours dans la classe à laquelle il appartient, soit en raison de son institution primitive, soit en raison de de la place que le besoin de l'énonciation lui fait occuper dans le tableau de la parole. On a trop négligé, jusqu'à présent, la connoissance de cet art minutieux, en apparence, mais rigoureusement nécessaire à qui se livre à l'étude des langues. Combien de personnes se vantent d'avoir appris la Grammaire, et qui ne savent pas distinguer un substantif d'un adjectif, une conjonction d'un adverbe? Ne soyons donc plus surpris du peu de progrès que fait chez nous la science grammaticale! On la cultive avec tant d'insouciance, tant de froideur, qu'il est même extraordinaire qu'il reste encore quelques étincelles de ce feu sacré qu'entretenoient avec un soin vraiment religieux les Dumarsais, les d'Olivet, les Restaut, les Wailly.

Quelle douce satisfaction pour moi, si par mes efforts et par mon zèle, je pouvois réussir à le ranimer parmi nous! C'est là, depuis douze ans, l'unique objet de mes vœux: Puissé-je être assez heureux, pour les voir un jour accomplis!

LE GRAMMAIRIEN

FABULISTE,

OU PRINCIPES

DE LA

GRAMMAIRE FRANÇAISE,

Mis à la portée du premier âge, et confirmés par des Fables aussi instructives qu'amusantes.

DEMANDE. *Qu'est-ce que la Grammaire française ?*

RÉPONSE. La Grammaire française est l'art d'exprimer correctement ses pensées, en français.

D. *De quoi se sert-on pour exprimer ses pensées ?*

R. Dans la langue française, comme dans toutes les autres langues, pour exprimer ses pensées, on se sert de mots.

A.

Les mots sont composés de syllabes, et les syllabes sont composées de lettres.

D. *Combien comptez-vous de lettres, en français ?*

R. Nous comptons, en français, vingt-cinq lettres. Ces lettres sont : *a, b, c, d, e, f, g, h, i, j, k, l, m, n, o, p, q, r, s, t, u, v, x, y, z.*

D. *Comment divisez-vous ces lettres ?*

R. Nous les divisons en Voyelles et en Consonnes.

DES VOYELLES.

D. *Qu'est-ce qu'une voyelle ?*

R. Une voyelle est une lettre qui forme un son d'elle-même.

D. *Combien avons-nous de voyelles ?*

R. Nous avons onze voyelles, savoir : sept orales et quatre nasales.

D. *Qu'appelez-vous voyelles orales ?*

R. J'appelle voyelles orales, celles dont l'émission se fait par la seule ouverture de la bouche ; telles sont *a, e, i, o, u, eu, ou.*

D. *Qu'entendez-vous par voyelles nasales ?*

R. J'entends par voyelles nasales, celles dont l'émission se fait en partie par la bouche, et en partie par le nez ; telles sont *an, in, on, un.*

D. *Qu'observez-vous sur la lettre y ?*

R. J'observe que la lettre *y* n'est pas une voyelle, ainsi que plusieurs Grammairiens l'ont avancé ; mais que cette lettre s'emploie le plus souvent pour deux *i*, comme dans *paysan, royaume, ayant*, que l'on prononce, comme s'ils étoient écrits ainsi : *pai-isan, roi-iaume, ai-iant*. Cette lettre s'emploie quelquefois dans les mots étrangers, sans avoir d'autre son que celui d'un *i* simple, comme dans *Physique, lycée*, etc.

Des différentes sortes d'e.

D. *Combien avons-nous de sortes d'e ?*

R. Nous avons quatre sortes d'*e* : l'*e* muet ; l'*é* fermé ; l'*è* ouvert et l'*è* moyen.

D. *Qu'est-ce que l'e muet ?*

R. L'*e* muet est celui qui fait entendre un son sourd, comme dans ces mots : *aimable, ferme, habile*, etc.

D. *Qu'est-ce que l'é fermé ?*

R. L'*é* fermé est celui qui se prononce la bouche presque fermée, et qui fait entendre un son aigu, comme dans ces mots : *vérité, austérité*, etc.

D. *Qu'est-ce que l'è ouvert ?*

R. L'*è* ouvert est celui qui se prononce avec une ouverture de bouche considérable, tel qu'on l'entend dans *procès, succès, décès, extrême, tempête*, etc.

Qu'est-ce que l'è moyen ?

R. L'è moyen est celui qui se prononce avec une ouverture de bouche plus grande que pour l'é fermé, mais cependant moindre que pour l'è ouvert. Les premiers *e* de *frère*, *prophète*, *lumière*, sont des *è* moyens.

Voici une fable où se trouvent réunies les quatre espèces d'*e* dont nous venons de parler.

LES DEUX ENFANTS,

Par RICHER.

UN jour, Perrinet et Colin,
Deux enfants du même âge, entrés dans un jardin,
S'égayoient à la promenade,
Et sous des marronniers, faisaient mainte gambade.
Ils trouvèrent sous le gazon
Un fruit plein de piquants, fait comme un hérisson.
Colin le ramassa. Son petit camarade
Le crut un sot. Tu tiens, dit-il, un mets
Des plus friands pour les baudets :
C'est un chardon, et ton goût est étrange.
Pour moi, je vois des pommes d'or ;
Voilà mon fait, et la main me démange.
Perrinet, à l'instant, se saisit d'une orange,
Et croit posséder un trésor.
La couleur du métal que l'univers adore
Séduit jusqu'aux enfants. Celui-ci, bien joyeux,
Admire un si beau fruit, et s'imagine encore
Qu'il est d'un goût délicieux.

Il y fut attrapé, notre petit compère !
    Car cette orange étoit amère.
    Aussitôt qu'il en eût goûté
Il la jeta bien loin. Colin, de son côté,
S'étoit piqué les doigts ; mais sa persévérance
    Surmontant la difficulté,
Trouve un marron pour récompense.

Ce marron hérissé figure la science,
    Qui, sous des dehors épineux,
Cache d'excellents fruits ; tandis que l'ignorance
    Sous une riante apparence,
Produit des fruits amers, et souvent dangereux.

DES CONSONNES.

D. Qu'est-ce qu'une consonne ?

R. Une consonne est une lettre qui ne forme de son qu'avec le secours d'une voyelle.

D. Quelles sont les consonnes dans notre Langue ?

R. Ce sont : *b, c, d, f, g, h, j, k, l, m, n, p, q, r, s, t, v, x, z.*

D. Qu'observez-vous sur la lettre h ?

R. J'observe que la lettre *h* est tantôt *muette,* et tantôt *aspirée.* Elle est muette dans les mots *homme, honneur, histoire,* etc., que l'on prononce, comme s'ils étoient écrits ainsi : *omme, onneur, istoire.* Elle est aspirée dans les mots *hache, haricot, héros, hallebarde* que l'on prononce du gosier.

Des Syllabes.

D. *Qu'entendez-vous par syllabe ?*

R. Une syllabe est un son formé par une seule impulsion de la voix. Elle résulte de la réunion des voyelles et des consonnes. Il y a deux syllabes dans les mots *ta-ble, ver-tu, plu-me, cha-peau,* etc. Il y en a trois dans les mots *vé-ri-té, hom-ma-ge, ha-bi-le,* etc. ; il y en a quatre dans les mots *aus-té-ri-té, mo-ra-li-té, ex-é-cu-ter,* etc.

Des Dyphtongues.

D. *Qu'appelez-vous dyphtongue ?*

R. J'appelle dyphtongue une syllabe qui fait entendre le son de deux voyelles, par une même émission de voix. Dans *diacre, ia* est une dyphtongue. Quoique cette syllabe se prononce en un seul temps, on distingue néanmoins très-distinctement le son de l'*i* et celui de l'*a*.

Les mots *dieu, viande, patient, niais, pied,* etc., offrent encore des exemples de dyphtongues.

Des diverses sortes de mots dont nous nous servons pour exprimer nos pensées.

D. *Combien avons-nous, en français, de sortes de mots, pour exprimer nos pensées ?*

R. Nous en avons neuf, qui sont : l'*article*, le *nom*, le *pronom*, le *verbe*, le *participe*, l'*adverbe*, la *préposition*, la *conjonction* et l'*interjection*.

D. *Parmi ces neuf sortes de mots, les uns ne sont-ils pas variables, et les autres invariables ?*

R. Oui, les uns, comme l'*article*, le *nom*, le *pronom*, le *verbe* et le *participe*, reçoivent différentes terminaisons, telles que celles des genres, des nombres, des modes et des personnes. Les autres, comme l'*adverbe*, la *préposition*, la *conjonction* et l'*interjection* ne changent jamais de terminaisons, quelque place qu'ils occupent dans le discours.

Des Genres et des Nombres.

D. *Qu'entend-on par genres ?*

R. Les genres indiquent un rapport à tout ce qui est mâle et femelle. Il y a deux genres, le *masculin* et le *féminin*.

Le *père*, le *tableau*, le *jardin*, sont

du genre masculin ; la *m're*, la *table*, la *rose*, sont du genre féminin.

D. *Qu'appelle-t-on nombre en grammaire ?*

R. On appelle *nombre* en grammaire, l'unité ou la pluralité des choses. Il ne peut y avoir que deux nombres : le *singulier*, qui indique l'unité ou une seule chose, et le *pluriel* qui indique la pluralité ou plusieurs choses. Un *fruit*, une *fleur*, un *livre*, sont au singulier. Des *fruits*, des *fleurs*, des *livres*, sont au pluriel.

DES MOTS VARIABLES.

CHAPITRE PREMIER.

DE L'ARTICLE.

Première espèce de Mots.

D. *QU'EST-CE que l'article ?*

R. L'article est un petit mot qui, placé devant les noms substantifs communs, en fait connoître le genre et le nombre.

D. *Quels sont nos articles ?*

R. Ce sont : *le*, *la*, *les*, *du*, *des*, *au*, *aux*.

La fable suivante de LAMOTTE nous offre
plusieurs exemples de l'article.

LA PIE.

UN Traitant avoit un commis ;
Le commis un valet, le valet une pie :
Quoique de la rapine ils fussent tous amis ,
    Des quatre, l'animal étoit la moins harpie.
Le financer en chef voloit le Souverain ;
Le commis en second voloit l'homme d'affaire ;
Le valet grapilloit : il eut voulu mieux faire ;
Et des gains du valet margot faisoit sa main.
        C'est ainsi que toute la vie
        N'est qu'un cercle de volerie.
    Le valet donc à son petit magot
        Trouvoit toujours quelque mécompte.
Qu'est-ce, dit-il, quel est le coquin qui m'affronte ?
    Dans mon taudis , il n'entre que margot.
        À tout hasard il vous l'épie ,
        Et la prend bientôt sur le fait.
        Il voit notre galante pie ,
        Du coin de l'œil faisant le guet ,
    Prendre à son bec la pièce de monnoie ,
Et puis dans le grenier courant cacher sa proie :
C'étoit là que margot avoit son coffre fort ,
Amassant sans jouir : bien d'autres ont ce tort.
Oh ça ! dit le valet, en surprenant la belle ,
        Je te tiens donc , et mon argent aussi.
        Voyez la gentille femelle :
    J'en suis d'avis ; on volera pour elle ;
Elle en auroit le gain , j'en aurois le souci.
Il prononce à ces mots la sentence mortelle.
Margot, à sa façon , se jette à ses genoux :
Grace , lui cria-t-elle ; un peu plus d'indulgence ;

Au fond, je n'ai rien fait que vous ne fassiez tous,
Ou par justice, ou par clémence,
Donnez-moi *le* pardon qu'il vous faudroit pous vous.
Ce caquet étoit raisonnable ;
Mais *le* valet inexorable
Lui coupe *la* parole, et lui tord *le* gosier.

Le plus foible, c'est *l'*ordre, est puni *le* premier.

CHAPITRE II.

DU NOM.

Seconde espèce de Mots.

D. *Qu'est-ce que le nom ?*

R. Le nom est un mot qui sert à nommer ou à qualifier une personne ou une chose.

Il y a deux sortes de noms : le *substantif* et l'*adjectif.*

D. *Qu'est-ce que le substantif ?*

R. Le substantif est un mot qui exprime une personne ou une chose qui existe soit dans la nature, comme *homme, maison, rose,* etc. ; soit dans l'entendement, comme *esprit, imagination, humanité,* etc.

Autres exemples de substantifs.

LE GASCON EXPÉDITIF. (CONTE.)

Par ALIX.

UN bon *Gascon*, sans *malice*,
Avec *enthousiasme*, exaltoit son *pays*;
   Tout s'y faisoit beaucoup mieux qu'à *Paris.*
Il faut voir, disoit-il, sur-tout notre *police* !
   Comme elle est faite avec *intégrité* !
Avec quel *intérêt* et quelle *activité*
   Chacun s'empresse à vous rendre *justice* !
J'en vais donner pour *preuve* un *exemple* certain :
     Je fus pris un *matin*
     Pour une *peccadille*,
  Un *tour* d'*adresse*, une *vétille,*
     Je fus interrogé,
    Au même *instant* jugé,
Marqué dessus l'*épaule*, autant qu'il m'en souvienne;
    Et dit-on, fustigé......
    Juste *Ciel* ! quelle *antienne*
Dans *Paris* ç'eût été que de voir terminer
    Une pareille *minutie* !
Hé bien ! sans me vanter, toute *affaire* finie,
J'étois rentré chez moi pour l'*heure* de *dîner.*

D. *N'avons-nous pas plusieurs sortes de substantifs ?*

R. Oui, nous avons trois sortes de substantifs : le substantif *propre*, le substantif *commun*, et le substantif *collectif.*

D. *Qu'est-ce que le substantif propre ?*

R. Le substantif *propre* est celui qui ne convient *proprement* qu'à une seule personne où à une seule chose.

Exemples de substantifs propres.

LA PÉNITENCE. (CONTE.)

Par PONS (de Verdun.)

LA veille de son mariage
Thomas au père *Hilarion*
Fut demander, suivant l'usage,
Un billet de confession.
Le pénitent, gai comme un prince,
Bien confessé, billet en main,
S'en alloit : un remords le pince,
Et vîte il rebrousse chemin.
Sans doute, c'est par oubliance,
Va t-il dire au moine étonné,
Que vous ne m'avez pas donné
Le moindre mot de pénitence.
Allez, répond le franciscain,
Allez, vous n'en avez que faire :
Ne m'avez-vous pas dit, mon frère,
Que vous vous mariez demain ?

D. *Qu'est-ce que le substantif commun ?*
R. Le substantif *commun* est celui qui convient à plusieurs personnes ou à plusieurs choses de la même espèce.

La fable suivante nous offre plusieurs exemples de substantifs *communs.*

LA GUENON, LE SINGE ET LA NOIX.

Par DESBILLONS.

UNE *Guenon* cueillit
Uue *noix*, dans sa *coque* verte ;
Elle y porte la *dent*, fait la *grimace*.... ah ! certe ;
Dit-elie, ma *m re* mentit
Qand elle m'assura que les *noix* étoient bonnes.
Puis, croyez aux *discours* de ces vieilles *personnes*
Qui trompent la *jeunesse* ! au diable soit le *fruit* !
Elle jette *la noix*. Un *Singe* la ramasse,
Vite entre deux *cailloux* la casse,
L'épluche, la mange, et lui dit :
Votre *mère* eut raison, ma *mie*,
Les *noix* ont fort bon *goût*, mais il faut les ouvrir ;
Souvenez-vous que dans la *vie*,
Sans un peu de *travail*, on n'a point de *plaisir.*

D. *Qu'est-ce que le substantif collectif ?*
R. Le substantif *collectif* est celui qui,
quoique au singulier, représente une col-
lection d'individus : *armée, forêt, troupe,*
sont des substantifs collectifs.

Le mot *marmaille* que l'on trouve dans
la fable suivante de LASANTE est, un substantif *collectif.*

LES ENFANTS ET L'OSIER.

UN osier se trouva planté dans un jardin
Des mains de la seule nature ;
Les enfants du logis faisoient de sa culture

Leur unique plaisir. Il sera grand demain ;
Disoient-ils tous les jours ; et des flots d'une
eau pure,
Ils l'arrosoient soir et matin.
Quand par hasard, contre eux la mère fort aigrie
Pour biscuits, macarons, et telle sucrerie
Qu'ils avoient dérobés, rencontra l'arbrisseau,
Dont elle coupa maint rameau
Pour dauber la pauvre *Marmaille*,
Qui connut, mais trop tard, aux dépens de sa peau
Que souvent contre soi, sans le croire, on
travaille.

D. *Les substantifs ne sont-ils pas susceptibles de genres et de nombres ?*

R. Oui, les substantifs ont les deux genres et les deux nombres.

On connoît qu'un substantif est masculin, quand on peut le faire précéder des mots *le* ou *un.* On connoît qu'il est féminin, quand on peut le faire précéder des mots *la* ou *une.*

Ainsi *jardin, oiseau, chapeau,* sont du genre masculin, parce qu'on dit *le jardin, un jardin ; l'oiseau, un oiseau ; le chapeau, un chapeau.* Les mots *table, fleur, rose* sont du genre féminin, parce qu'on peut dire *la table, une table ; la fleur, une fleur ; la rose, une rose.*

Un substantif est au singulier, quand on ne parle que d'une seule personne ou d'une seule chose, comme *la guerre, l'abon-*

danse, *une armée*, *une violette* etc.

Un substantif est au pluriel, quand on parle de plusieurs personnes ou de plusieurs choses, comme *les maisons*, *des fruits*, *les enfants*, etc.

Autres exemples de substantifs masculins et féminins, singuliers et pluriels.

LA VIGNE ET LE VIGNERON. (FABLE.)

Par R E Y R E.

LA Vigne se plaignoit *un jour au Vigneron*
De ce qu'il lui coupoit maint et maint *rejeton*
Dont le *feuillage* et le *bois* inutile,
 Loin de la rendre plus fertile,
 Épuisoient en vain sa *vigueur.*
 Eh ! pourquoi donc, lui disoit-elle,
Me traitez-vous avec tant de *rigueur ?*
 Pour mon bien vous montrez du *zele*,
 Je suis l'*objet* de vos *sueurs ;*
Vous m'aimez, cependant vous m'arrachez des
  pleurs.
 L'*amour* est-il donc si sévère ?
Que vous pénétrez peu dans mon *intention*,
Lui répondit alors le prudent *vigneron ;*
Vous croyez que ces *coups* partent de ma *colère !*
 Ah ! connoissez mieux mon *dessein :*
 Dans le *mal* que j'ai pu vous faire,
 Votre *intérêt* a seul conduit ma *main.*
Si je ne coupois point tout ce *bois* inutile,
 Bientôt vous deviendriez stérile :
Au lieu qu'en vous faisant répandre quelques *pleurs*

Je vous rends beaucoup plus fertile ;
Et de *Bacchus* sur vous j'attire les *faveurs.*

C'est à vous , jeunes *gens* , que ma *Fable* s'adresse.
Connoissez à ces traits l'*amour* et la *sagesse*
De ceux qui veillent sur vos *mœurs.*
S'ils vous font quelquefois éprouver leurs *rigueurs* ,
Ce n'est pas que pour vous ils manquent de
tendresse ;
Ils cherchent seulement à vous rendre meilleurs.

D. *Qu'est-ce que l'adjectif ?*

R. L'adjectif est un mot qui ajoute au substantif la connoissance d'une qualité. Les mots *doux, agréable, charmant, poli,* sont des adjectifs.

La fable suivante de VITALIS nous offre encore plusieurs exemples d'adjectifs.

LE JARDINIER ET LE GROSEILLIER.

Mon fils , de *ta foible* raison
Il est bien temps de faire usage ;
C'est précisément , à *ton* âge ,
Que le travail est de saison.
Tu doubleras *ta* jouissance
En le mêlant à *tes* amusements :
Aux jeux de *ta première enfance*
Dérobe donc quelques moments.
Je vais te conter *une* Fable
Dont les acteurs sont sous *tes* yeux ;
Ce que l'on voit se comprend mieux ,
Et le faux paroît vrai , dès qu'il est *vraisemblable.*

Dans *une* haie , au bord d'*un grand* chemin ,
Un groseillier croissoit sans soins et sans culture ;
A peine montroit-il quelque peu de verdure ;
    Mais pour du fruit ! pas plus que sur *ma* main.
Un jardinier le prit , le mit en *son* jardin ,
    Dont la terre étoit préparée ;
    Engrais , labours et tout ce qui s'ensuit ,
Rien ne fut épargné ; dès la *première* année ,
    Le groseillier fut tout couvert de fruit.

    Les *noirs* soucis , la jalousie ,
    Mille chagrins , *mille* dégoûts .
    Sont les épines de la vie ;
    C'est la haie où nous naissons *tous.*
    Le groseillier , dans l'état de nature ,
    C'est toi , *mon* fils , en *ce* moment ;
    Le jardinier , c'est moi , certainement ;
    L'étude sera la culture ,
    Et le fruit sera le talent.

*D. Comment distinguez-vous l'adjectif
du substantif* ?

R. Un moyen sûr de distinguer un adjectif d'un substantif, c'est de mettre devant le nom que l'on regarde comme douteux, les mots *personne* ou *chose* , si ces mots peuvent convenir au nom devant lequel on les place, c'est un adjectif; s'ils ne peuvent pas lui convenir, c'est un substantif.

Des exemples rendront plus clair ce que je dis.

B

L'ENFANT ET LES FLEURS. (FABLE.)

Par PEYRAS.

Un jeune enfant dans un *parterre*,
Avide de cueillir des *fleurs*,
Dit en lui-même, il faut me satisfaire ;
Tout m'offre ici mille *douceurs*.
Voyant une *rose vermeille*,
Il voulut d'abord s'en saisir ;
Mais il ne vit point une *abeille*,
Dont l'*aiguillon* lui fit sentir,
Qu'il achetoit bien *cher* un *frivole plaisir*.

Les mots *jeune, avide, vermeille, cher, frivole*, sont des adjectifs ; parce qu'on peut dire *personne* jeune, avide ; *chose* vermeille, chère, frivole ; les mots *enfant, parterre, fleurs, douceurs, rose, abeille, aiguillon, plaisir*, sont des subtantifs parce qu'on ne peut pas dire *chose* enfant, *personne* parterre, etc.

Des degrès de signification.

D. *Combien compte-t-on de dégrès de signification ?*

R. On compte trois degrès de signification, qui sont le *positif*, le *comparatif* et le *superlatif*.

D. *Qu'est-ce que le positif ?*

R. C'est l'adjectif pur et simple, comme

habile, industrieux, instruit, etc.

D. *Qu'est-ce que le comparatif?*

R. C'est l'adjectif exprimant une comparaison.

Il y a trois sortes de comparatifs : le comparatif de *supériorité* marqué par *plus*, comme *ce jardin est plus grand que le vôtre.*

Le comparatif d'*égalité* exprimé par *aussi, autant,* comme *l'histoire est aussi utile que la Géographie.*

Le comparatif d'*infériorité* marqué par *moins*, comme *l'hiver est moins agréable que le printemps.*

D. *Qu'est-ce que le superlatif?*

R. C'est l'adjectif exprimant la qualité dans un très-haut, ou dans le plus haut degré.

Il y a deux sortes de superlatifs : le superlatif *absolu* marqué par *très, fort* ou *bien*, comme *une amitié fidèle est très-rare ; le chien est un animal fort caressant ; cet enfant est bien aimable.*

Le superlatif *relatif* marqué par le mot *plus* précédé des articles *le, la, les,* ou des adjectifs possessifs *mon, ton, son, notre, votre,* etc. Exemples : *L'Europe est la plus petite des quatre parties du monde ; l'homme de bien trouve dans le plaisir de faire des heureux sa plus douce récompense.*

B 2

La fable suivante de GROSELIER nous offre plusieurs exemples d'adjectifs au *positif*, au *comparatif* et au *superlatif*.

LE LIÈVRE ET LE RENARD.

UN lièvre, au bord d'un bois, sur le soir,
en été,
Prenoit le frais, et paissoit l'herbe *tendre*,
Lorsque par un renard il se voit accosté,
Qui lui dit : ne crains point, ami, je viens
t'apprendre
Un fait pour toi *des plus intéressants*.
Prends-y part, et montre ta joie :
Vous serez délivrés de ces chiens *dévorants*,
Dont vous et nous sommes la proie.
Par les renards il vient d'être conclu
Sans quartier de nous en défaire.
Nous allons, *au plutôt*, leur déclarer la guerre.
C'est parti pris et résolu.
Sur cela le renard commence
A sauter, gambader, entrer gaîment en danse.
Au lièvre tout *joyeux* il dit d'en faire autant.
Puis le voyant sans défiance,
Il s'approche, en le caressant,
Et se met sans façon à jouer de la dent.
Le *pauvre* lièvre alors s'écrie :
Scélérat, est-ce là ce que tu m'as promis,
Que nous serions vengés des chiens nos ennemis ?
Par *la plus lâche* perfidie,
Envers nous tu te rends encor *plus méchant* qu'eux.
Va, recueille le fruit de ta supercherie ;
Mais la peine suivra ton forfait *odieux*.

Bien imprudent, bien dupe qui se fie

> A gens sans foi, sans probité;
> Rien n'est *plus commun* dans la vie,
> Que de voir la sincérité,
> La candeur, la simplicité
> Succomber sous la fourberie.

RÈGLES GÉNÉRALES

Sur la formation du féminin des adjectifs.

ADJECTIFS terminés par une Voyelle.

D. *Comment les adjectifs terminés au masculin par un* e *muet s'écrivent-ils au féminin ?*

R. Ils s'écrivent de la même manière. On écrit au masculin, comme au féminin : un jeune homme *aimable*, *habile*, *agréable*, et une jeune femme *aimable*, *habile*, *agréable*.

D. *Comment formez-vous le féminin des adjectifs terminés par une autre lettre que par un* e *muet ?*

R. En ajoutant un *e* muet après la lettre finale du masculin. Exemples : un jardin bien *cultivé*, une terre bien *cultivée* ; un enfant *poli*, une personne *polie* ; un jeune homme *ingénu*, une demoiselle *ingénue*.

Adjectifs terminés par une Consonne.

D. *Quelle est la règle générale pour la formation du féminin des adjectifs terminés par une consonne ?*

R. On ajoute un *e* muet après la consonne finale du masculin. Exemples : *rond, ronde ; profond, profonde ; filial, filiale ; brun, brune ; léger, légère ;* etc.

Nous ne donnerons point ici les règles particulières de la formation du féminin, des adjectifs, elles sont trop multipliées, pour que des enfans puissent les retenir, sans la plus grande peine. On les trouvera expliquées avec beaucoup d'étendue dans mon ouvrage intitulé : *Connoissance de la Langue Française, considérée sous le seul rapport de l'Ortographe,* dont je me propose de donner, sous peu, une seconde édition.

RÈGLES GÉNÉRALES

Sur la formation du pluriel dans les noms substantifs et adjectifs.

D. *Comment formez-vous le pluriel des noms substantifs et adjectifs ?*

R. Le pluriel des noms tant substantifs qu'adjectifs se forme par l'addition de la

lettre *s*. On écrit le *livre* , les *livres* ;
l'*homme*, les *hommes* ; l'*ame*, les *ames* ;
le *genou*, les *genous* ; le *caillou*, les
caillous ; le *serment*, les *serments* ; etc.

D. *Les noms terminés au singulier par
l'une de ces lettres* x , s , z , *ajoutent-ils
quelque lettre pour le pluriel* ?

R. Non, tous ces noms gardent la même
terminaison pour le pluriel, sans ajouter
aucune autre lettre. Exemples : le *nez* ,
les *nez* ; le *fils*, les *fils* ; un mur *épais*,
des murs *épais* ; la *voix*, les *voix*, etc.

D. *Comment formez-vous le pluriel des
noms terminés par* eu, ieu, eau, *etc.*

R. Le pluriel des noms terminés de cette
manière se forme par l'addition de la lettre
x. Exemples : un *vœu*, des *vœux* ; un
pieu, des *pieux* ; un *bateau*, des *bateaux*;
etc.

D. *Les noms en* al *et en* ail *ne chan-
gent-ils pas cette terminaison pour le
pluriel* ?

R. Oui, ils changent cette terminaison
en *aux*. Exemples : *cheval , chevaux ;
mal, maux ; égal, égaux ; travail, travaux ; émail, émaux ;* etc.

D. *Cette règle ne souffre-elle pas quelques exceptions* ?

R. Oui, il faut excepter pour la terminaison en *al*, les mots *bal, cal, régal ,*

pal, *carnaval*.

Et pour la terminaison en *ail*, les mots *attirail*, *camail*, *détail*, *éventail*, *portail*, *poitrail*, etc., qui tous prennent un *s* au pluriel, sans changer de teminaison. On dit les *bals*, les *attirails*, etc.

Accord de l'Adjectif avec son Substantif.

D. *Comment faites-vous accorder l'adjectif avec son substantif ?*

R. L'adjectif s'accorde avec son substantif en genre et en nombre ; c'est-à-dire, que si le substantif est du masculin, l'adjectif doit être du masculin, si le substantif est du féminin, l'adjectif doit être du féminin. Le substantif est-il au singulier, l'adjectif doit être au singulier ; le substantif est-il au pluriel, l'adjectif doit être au pluriel. Exemples : *Cet enfant est sage.* Les mots *cet* et *sage* sont au nombre singulier et du genre masculin, parce que le substantif *enfant* est au nombre singulier et du genre masculin. *Les Françaises sont douces, aimables, intéressantes.* Les adjectifs *douces*, *aimables*, *intéressantes*, sont du genre féminin, et au nombre pluriel, parce que les *Françaises*, substantif qu'ils qualifient, sont du genre féminin et au nombre pluriel.

Nous trouverons, dans la fable suivante
de M. de FLORIAN, plusieurs exemples de
l'accord de l'adjectif avec son substantif.

LE POMMIER

dépouillé de son fruit.

VOYEZ-VOUS , disoit *un Pommier*
Aux arbres de *son voisinage*,
Quand le fruit sous *son poids* le forçoit à plier ;
Voyez-vous comme on vient ici me rendre hommage?
Je vois arriver tour-à-tour
Le maître du jardin , ainsi que la maîtresse.
Enfants et valets , tout s'empresse
Soir et matin , à me faire la cour.
Il n'est , *ma foi* , rien tel que la richesse
Pour avoir *grand nombre* d'amis.
Voisin, je suis de *votre avis*,
Lui dit *un vieux poirier* ; mais attendez de grace
Qu'à l'hiver l'automne ait fait place ,
Et de *cette amitié* vous connoîtrez le prix.
La *réflexion* étoit *bonne* ;
Car dès qu'on eût cueilli le fruit ,
Adieu, maître, maîtresse, enfants, valets, tout fuit!
Le *pommier* resta *seul* , et ne vit plus personne ;
Étonné de *ce changement* ,
On ne m'aimoit donc pas , dit-il , en soupirant ,
Et l'on n'en vouloit qu'à *mes pommes !*
Oui , lui dit le poirier, vous ne vous trompez point ;
Mais pour vous consoler , sachez que sur ce point ,
Comme vous on traite les hommes.
Ils ont beaucoup d'amis , tandis qu'ils sont heureux :
Dès qu'ils ne le sont plus , chacun s'éloigne d'eux.

C

Remarques sur quelques Pronoms.

Ce , Se.

D. *Comment distinguez-vous* ce, *pronom ou adjectif démonstratif, de* se, *pronom personnel ?*

R. *Ce*, pronom ou adjectif démonstratif, s'écrit toujours par un *c;* il est le plus ordinairement suivi d'un substantif.

Se, pronom personnel, s'écrit par un *s;* il précède toujours un verbe, et peut se tourner par *soi.*

La fable suivante nous fera aisément connoître la différence de ces deux pronoms.

LE VOYAGEUR ET LE POIRIER.

UN voyageur, peu riche apparemment,
Et mal reçu dans les hôtelleries,
De poires à moitié pourries
S'étoit chargé faute d'argent.
Il eut voulu, sans doute, en avoir de meilleures....
Sa canne en main, très-courageusement,
Il a déja marché quatre heures.
La soif *se* fait sentir, et l'appétit survient,
De ses poires il *se* souvient,
Et songe à fouiller dans sa poche.
Un poirier, dont les fruits sembloient délicieux,
Éloigné de cent pas, *se* présente à ses yeux.
Il jette, au même instant, ses poires, et s'approche.

Voici, dit-il, des mets plus savoureux ;
Il ne tiendra qu'à moi, d'en manger, si j'en veux,
Eh ! qui m'empêchera de me donner la peine
D'en prendre pour demain, pour toute la semaine ?
Il auroit pu raisonner mieux,
Car un large fossé s'opposoit à ses vœux.
Je ne puis dire, je l'avoue,
Quelle fut sa douleur, en voyant *ce* fossé,
Par lequel son espoir *se* trouvoit renversé.
Le pauvre homme chercha ses poires dans la boue,
Et les essuya bien ; c'est tout *ce* que je sais.

La même chose nous arrive.
Souvent nous quittons le certain,
Pour une belle perspective
Qui *se* fait voir dans le lointain.

Ces , Ses.

D. *Que remarquez-vous sur ces deux mots ?*

R. Le premier de ces mots est adjectif démonstratif, et s'écrit par un *c ;* le second est adjectif possessif, et s'écrit par un *s*. On reconnoît ce dernier mot, en ce qu'il peut se tourner par *de lui, d'elle.*

Exemple du premier cas.

LES GOUTS DIFFÉRENTS. (CONTE.)

Par Pons (de Verdun.)

Ces jours passés, maint grave politique,

Gazette en main parloit de la tactique.
Moi, disoit l'un, je suis pour un assaut :
C'est, disoit l'autre, un siége qu'il me faut ;
Une bataille a pour moi plus de charmes.
Crioit un tiers ; il y fait un peu chaud,
Mais j'aime fort le cliquetis des armes.
Ma foi, Messieurs, tout ce qu'il vous plaira ;
Dit un Gascon, en secouant la tête,
Siége, bataille, assaut, et cœtera ;
Moi, je suis fou d'une belle retraite.

Exemple du deuxième cas.

LA JUSTE PLAINTE, (ANECDOTE.)

Par l'abbé DOURNEAU.

CERTAIN Docteur dans le grand art de pendre ;
  A Caudebec ayant fini *ses* jours,
  Sa place fut proposée au concours.
  De toutes parts, aspirants de s'y rendre ;
  Mais un Breton emporta le bon lot.
  Maître La Hart, citoyen d'Yvetot,
  Voyant ainsi, s'échapper sa conquête ;
  Se mit à dire : « Il est donc vrai, bon Dieu !
» Qu'en tout pays, s'il vaque un poste honnête,
  » Il n'est jamais pour un enfant du lieu. »

Leurs, Leur.

D. *Dans quel cas* leur *prend-il un* s ?

R. *Leur* prend un s, lorsqu'il est adjectif possessif, et qu'il se rapporte à un nom pluriel. On peut le tourner par d'*eux*, d'*elles*.

Lorsque ce mot est pronom personnel, il ne prend jamais de *s*. Il est toujours joint à un verbe, et signifie *à eux, à elles*.

La fable suivante nous offre un exemple des deux manières dont on doit écrire *leur*.

LE PERE

Instruisant ses Enfans.

Par Grosellier.

Un père avoit deux fils, dont l'un aimoit l'étude ;
L'autre de ne rien faire avoit pris l'habitude.
　　Même au milieu de *leurs* amusements,
Ce père ne cherchant, en tout qu'à les instruire,
　　Avoit grand soin de les conduire
Au printemps, en automne, à sa maison des champs;
　　Là, dans ses jardins domestiques,
　　　Où brilloient les vives couleurs
　　　D'un riche assemblage de fleurs,
Il *leur* faisoit remarquer les pratiques
　　De l'abeille et du papillon.
Voyez, *leur* disoit-il, quelle application
Apporte à son travail la diligente abeille !
Elle ne quitte point cette rose vermeille,
Qu'elle n'ait de son suc fait un riche butin.
Voyez, d'une autre part, ce papillon volage :
Il cajole, en passant, le muguet, le jasmin ;
　　L'œillet, l'anemone, le thym,
　　Et toutes les fleurs du jardin,
　　Sans en faite le moindre usage.

　　Telle est la jeunesse peu sage :
　　Elle vole à tous les plaisirs,

Et passe la fleur de sou âge
Dans l'agitation de mille vains désirs.
Imitez l'abeille constante :
Elle fait du travail son bonheur le plus doux;
Par cette conduite prudente,
Elle est un modèle pour vous.

CHAPITRE TROISIÈME.

DU PRONOM.

Troisième espéce de Mots.

D. QU'ENTEND-ON *par pronom ?*
R. Le pronom est un mot qu'on met à la place d'un nom , pour en éviter la répétition. Tels sont les mots *se , celui-ci, le , nous , vous,* que l'on trouve dans la fable suivante de VITALIS , intitulée, *La Mousse et le Pommier.*

UN brin de mousse s'attacha
Au pied d'un beau pommier , touffu , de haut parage;
Celui-ci point ne s'en fâcha ,
Et *le* couvrit de son ombrage.
Mais de cet arbre hospitalier
Détournant à son avantage
Presque tout le suc nourricier ,
La mousse, en peu de temps , gagna tout le feuillage;
Et fit si bien que le pommier
Périt à la fleur de son âge.

Faux amis , et vils délateurs ,

Si communs au temps où *nous* sommes,
En étouffant vos bienfaiteurs,
Vous êtes la mousse des hommes.

D. *Combien avons-nous de sortes de* pronoms ?

R. Nous avons six sortes de pronoms : les pronoms *personnels*, les *démonstratifs*, les *possessifs*, les *relatifs*, les *interrogatifs* et les *indéfinis*.

PRONOMS PERSONNELS.

D. *Quels sont les pronoms personnels ?*

R. Ce sont ceux qui tiennent la place des personnes.

Les pronoms personnels sont : *je, tu, il, elle, nous, vous, ils, elles, me, moi, te, toi, se, soi, lui, leur.*

La fable suivante nous offre plusieurs exemples de pronoms *personnels*.

LES BERGERS.

Par RICHER.

GUILLOT crioit au loup, un jour, par passe-temps.
    Un tel cri met l'alarme aux champs.
    Tous les bergers du voisinage
Coururent au secours : Guillot *se* moqua d'eux.
    *Ils s'*en retournèrent honteux,
    Pestant contre son badinage.
    Mais rira bien qui rira le dernier.
Deux jours après, un loup avide de carnage,

Un véritable loup cervier,
Malgré notre berger et son chien, faisoit rage,
Et *se* ruoit sur le troupeau.
Au loup! s'écria-t-il, au loup! Tout le hameau
Rit à son tour : à d'autres, *je vous* prie,
Répondit-on : l'on ne *nous* y prend plus.
Guillot le goguenard fit des cris superflus :
On crut que c'étoit fourberie.

Un menteur n'est point écouté,
Même en disant la vérité.

PRONOMS DÉMONSTRATIFS.

D. Quels sont les pronoms démonstratifs?
R. Ce sont : *celui, celui-ci, celui-là, ceci, cela, celle, celle-ci, celle-là, ceux, ceux-ci, ceux-là, celles, celles-ci, celles-là.*

Ces pronoms indiquent et mettent, pour ainsi-dire, sous les yeux les objets dont on parle. *Exemple :*

Ce livre est à vous, *celui-ci* m'appartient. Laissez cette poire, *celle* que je vois est plus mûre. *Celui* qui sera le plus sage sera *celui* qu'on aimera le plus.

Les mots *ce, cet, cette, ces,* ne sont pas des pronoms, mais des adjectifs démonstratifs, puisqu'ils se mettent avec le nom, et qu'ils ne le remplacent pas; excepté le mot *ce,* qui quelquefois est employé sans être joint à un substantif, comme dans cette phrase : *Ce que vous dites est-il bien vrai ?*

PRONOMS POSSESSIFS.

D. *Quels sont les pronoms possessifs ?*
R. Ce sont : *le mien, le tien, le sien, le nôtre, le vôtre, le leur ; la mienne, la tienne, la sienne, la nôtre, la vôtre, la leur,* etc.

Ces pronoms rappellent les objets dont il est question dans le discours, avec une idée accessoire de possession. *Exemple :*

Les vers que tu nous dis , Oronte, sont *les miens.*
Mais quand tu les dis mal, ils deviennent *les tiens.*

Mon, ton, son, notre, votre, leur, etc., sont de vrais adjectifs, et non des pronoms. On dit *mon ame, ta sœur, notre livre, leur amitié,* etc.

PRONOMS RELATIFS.

D. *Quels sont les pronoms relatifs ?*
R. Ce sont: *qui, que, lequel, laquelle, lesquels, lesquelles, où, y, dont, le, la, les, en.*

EXEMPLE :

LE CHÉNE ET L'ARBRISSEAU. (FABLE.)

Par RICHER.

Un jeune enfant avec son père
Se promenoit dans un jardin ,

Et ne songeoit qu'à se distraire
De l'ennui *qu'il* avoit essuyé le matin
En feuilletant dans son *Despautère*;
Lorsqu'ils trouvèrent en chemin,
Un arbrisseau *dont* la tempête
Avoit courbé la tige, et fait plier la tête
En forme à peu-près de berceau.
A cet aspect, le sage père
Voulant à son cher jouvenceau
Donner un avis salutaire :
Mon fils, dit-il, prenez cet arbrisseau,
Et *le* rétablissez dans sa force première.
Volontiers, papa, dit l'enfant.
Aussitôt il *le* prend, et sans beaucoup de peine
Il *le* redresse, au même instant.
Fort bien, dit le mentor ; mais voyez-vous ce chêne
Que son poids vers le sol entraîne ?
Quoique déja fort avancé,
Il auroit bien besoin d'être un peu redressé ;
Allez lui rendre ce service.
Papa, pour moi quel exercice ?
Je *le* tenterois vainement :
Mon bras est un peu trop novice.
Je m'en serois chargé fort aisément,
Lorsque cet arbre étoit encore dans son enfance ;
Mais de *le* redresser, ce n'est plus la saison ;
Et les bras mêmes de Samson
Ne vaincroient pas sa résistance.
Oui, mon fils, vous avez raison,
Reprit alors le père ; et cette expérience
Pour vous doit être une leçon.

Nos penchans dans le premier âge
Sont faciles à corriger :
Mais on ne peut plus *les* changer
Quand ils sont raffermis par le temps et l'usage.

Les pronoms *relatifs* ont rapport, rela-
tion à un nom ou à un pronom qui les
précède. Ce nom ou ce pronom s'appelle
antécédent.

D. *Comment connoissez-vous que le, la,
les, sont tantôt pronoms relatifs et tantôt
articles ?*

R. Les mots *le , la , les ,* sont *articles,*
lorsqu'ils précèdent un substantif ; ils sont
pronoms relatifs, lorsqu'ils sont joints à
un verbe.

E X E M P L E.

L'ENFANT ET LA RAQUETTE. (FABLE.)

Par CLÉMENT.

Un enfant joli comme un cœur
Récitoit à trois ans , plusieurs fables par cœur ;
Savoit son catéchisme , et commençoit à lire.
Je n'ai besoin de dire
Que de sa mère il étoit *le* bijou ;
Et que sans *le* gâter , son père en étoit fou.
Trop s'appliquer nuit à *l'*enfance ,
Il lui faut de *l'*amusement ;
La mère *le* sentit , on achète un volant ,
On *le* donne au petit comme une récompense
Du devoir fait diligemment.
*L'*enfant , armé de sa raquette ,
Ne s'occupe plus que du jeu ,
Pour son volant il est tout feu :
Dix fois par jour , en public , en cachette ,

Il s'exerce ; c'est - là son unique recette.
De catéchisme, point : de lecture, très-peu.
Tant il fut procédé, qu'enfin sa chère bonne
Va dire à *la* maman que *le* petit garçon,
　　　Au lieu d'apprendre sa leçon,
Malgré sa remontrance, au jeu seul s'abandonne.
　　　La mère fait venir *l'*enfant,
Lui reproche ses torts, et reprend *le* volant.
　　　Mon fils, je veux bien qu'on s'amuse,
Mais quand de mes bontés je vois que l'on abuse,
　　　je sais comment il faut punir ;
Du volant enlevé perdez le souvenir :
Croyez-vous qu'en jouant on acquiert la science ?
Je ne saurois, mon fils, trop vous *le* répéter :
Le jeu, pour *les* enfants, est une récompense ;
Et c'est par *le* travail qu'on doit *la* mériter.
　　　Le Petit, mis en pénitence,
Prouve *les* yeux en pleurs, *le* cœur plein de
　　　soupirs,
Que souvent nos chagrins naissent de nos plaisirs.

PRONOMS INTERROGATIFS.

D. *Quels sont les pronoms interrogatifs ?*

R. Ce sont : *qui ? que ? quoi ? quel ? lequel ? laquelle ? lesquels ? lesquelles ?*

On appelle ces pronoms *interrogatifs* parce qu'ils s'emploient dans les interrogations. On les nomme aussi *absolus*, parqu'ils n'ont rapport ni à un nom, ni à un pronom qui les précèdent.

EXEMPLE.

LE LOUP ET L'AGNEAU. (FABLE.)

Par LA FONTAINE.

La raison du plus fort est toujours la meilleure.
Nous l'allons montrer tout-à-l'heure.

Un agneau se désaltéroit
Dans le courant d'une onde pure.
Un loup survint à jeun qui cherchoit aventure ,
Et que la faim en ces lieux attiroit.
Qui te rend si hardi de troubler mon breuvage ?
Dit cet animal plein de rage :
Tu seras châtié de ta témérité.
Sire , répond l'agneau , que votre majesté
Ne se mette pas en colère ;
Mais plutôt qu'elle considère
Que je me vas désaltérant
Dans le courant ,
Plus de vingt pas au-dessous d'elle ;
Et que par conséquent , en aucune façon ,
Je ne puis troubler sa boisson.
Tu la troubles ! reprit cette bête cruelle ;
Et je sais que de moi , tu médis l'an passé.
Comment l'aurois-je fait , si je n'étois pas né ?
Reprit l'agneau ; je tette encor ma mère.
— Si ce n'est toi , c'est donc ton frère ?
— Je n'en ai point. — C'est donc quelqu'un des tiens ;
Car vous ne m'épargnez guère ,
Vous , vos bergers et vos chiens.
On me l'a dit : il faut que je me venge.
Là-dessus , au fond des forêts
Le loup l'emporte , et puis le mange
Sans autre forme de procès.

Le mot *qui* dans ce vers :

Qui te rend si hardi, etc.

est un pronom *interrogatif*.

PRONOMS INDÉFINIS.

D. *Quels sont les pronoms indéfinis ?*

R. Ce sont : *quelqu'un*, *quelqu'une*, *chacun*, *chacune*, *autrui*, *nul*, *nulle*, *quelque*, *on*, *aucun*, *aucune*, etc.

On appelle ces pronoms *Indéfinis*, parce qu'ils indiquent les objets dont on parle, d'une manière *vague*, *générale*, *indéfinie*, *indéterminée*.

Le mot *quelqu'un* que l'on trouve dans la fable suivante, est un pronom *indéfini*.

LA BREBIS ET LE CHIEN.

Par BOISARD.

LA brebis et le chien, de tous les temps, amis,
Se racontoient, un jour, leur vie infortunée.
Ah ! disoit la brebis, je pleure et je frémis
Quand je songe aux malheurs de notre destinée.
Toi, l'esclave de l'homme, adorant des ingrats,
 Toujours soumis, tendre et fidèle ;
 Tu reçois pour prix de ton zèle,
 Des coups et souvent le trépas.
 Moi, qui, tous les ans, les habille,
Qui leur donne du lait, et qui fume leurs champs,
Je vois, chaque matin, *quelqu'un* de ma famille
 Assassiné par ces méchants ;
Leurs confrères les loups dévorent ce qui reste.
 Victimes de ces inhumains,

Travailler pour eux seuls et mourir par leurs mains,
 Voilà notre destin funeste !
Il est vrai, dit le chien, mais crois-tu plus heureux
 Les auteurs de notre misère ?
  Va, ma sœur, il vaut encor mieux
 Souffrir le mal que de le faire.

CHAPITRE QUATRIÈME.
Du Verbe.

Quatrième espèce de Mots.

D Qu'est-ce que le verbe ?

R. Le verbe est un mot qui exprime l'action, où la manière d'être des personnes et des choses.

Dans la fable suivante, les mots *étes, disoit, mangez, décèlerai, répondit, décèlerez, aime, feriez, ai vu, escroquer, ai averti, parlez, veux, taire, ferai, dirai, soyons, gardons, faisons, passez, passe, insinue, persuada, furent, fait,* sont des verbes.

L'ENFANT ET LE CHAT.

Par Grosellier.

Au chat, au chat, vous *étes* un larron ;
 Disoit un enfant à raton,
 Vous *mangez* le lard et la crème :
Je vous *décèlerai.* Comment ! petit ingrat,
 Lui *répondit* le malin chat ;
Vous me *décèlerez,* moi, raton, qui vous *aime !*
 Vous *feriez* une faute extrême.

Ne vous *ai*-je pas *vu* cent fois
Escroquer des raisins , des amandes , des noix ?
En *ai*-je *averti* votre mère ?
Si vous *parlez*, je ne *veux* plus me *taire* :
De vos tours, je *ferai* rapport,
Je *dirai* tout. Mais non ! *soyons* d'accord.
Gardons-nous le secret; *faisons* comme bien d'autres:
Passez-moi mes larcins, je vous *passe* les vôtres.
Mauvais conseil s'*insinue* aisément :
La harangue du chat *persuada* l'enfant.
Nos deux friands *furent* d'intelligence.

Pareil accord se *fait* souvent
Entre gens fort communs en Fr ance.

D. Comment connoissez-vous un verbe?

R. Je connois un verbe, lorsque je puis mettre devant ce mot les pronoms *je*, *tu*, *il*, *elle*, *nous*, *vous*, *ils*, *elles*.

D. Combien considérez-vous de choses dans les verbes ?

R. Cinq : les *personnes*, les *nombres*, les *modes*, les *temps* et les *conjugaisons*.

DES PERSONNES.

D. Combien y a-t-il de personnes dans les verbes ?

R. Trois. La première est celle qui parle, comme *je lis*, *nous lisons ;* la seconde, celle à qui l'on parle, comme *tu lis*, *vous lisez ;* la troisième, celle de qui l'on parle, comme *il* ou *elle lit*, *ils* ou *elles lisent*.

D E S   N O M B R E S.

D. *Combien y a-t-il de nombres ?*

R. Deux , comme dans les noms : le *singulier* et le *pluriel.*

D E S   M O D E S.

D. *Combien comptez-vous de modes ?*

R. Quatre : l'*Affirmatif* ou *Indicatif ;* l'*Optatif* ou *Impératif ;* le *Complétif* ou *Subjonctif;* l'*Indéfini* ou *Infinitif.*

D E S   T E M P S.

D. *Combien y a-t-il de temps principaux dans les verbes* ?

R. Trois, qui sont le *Présent,* le *Passé* et le *futur.*

D. *Combien comptez-vous de temps à l'Indéfini* ?

R. Trois : le présent, *aimer, finir, recevoir, lire ;* le participe présent, *aimant, finissant, recevant, lisant ;* le participe passé, *aimé, fini, reçu, lu.*

D. *Combien y en a-t-il à l'Affirmatif*?

R. Onze. Ce sont le présent, *j'aime, je finis, je reçois, je lis.*

Le passé simultané ou imparfait, *j'aimois, je finissois, je recevois, je lisois.*

Le passé défini, *j'aimai, je finis, je reçus, je lus.*

Le passé indéfini, *j'ai aimé, j'ai fini, j'ai reçu, j'ai lu.*

Le passé antérieur défini, *j'eus aimé, j'eus fini, j'eus reçu, j'eus lu.*

Le passé antérieur indéfini, *j'ai eu aimé, j'ai eu fini, j'ai eu reçu, j'ai eu lu.*

Le passé antérieur relatif on plusque-parfait, *j'avois aimé, j'avois fini, j'avois reçu, j'avois lu.*

Le futur simple, *j'aimerai, je finirai, je recevrai, je lirai.*

Le futur passé, *j'aurai aimé, j'aurai fini, j'aurai reçu, j'aurai lu.*

Le conditionel présent, *j'aimerois, je finirois, je recevrois, je lirois.*

Le conditionnel passé, *j'aurois aimé, j'aurois fini, j'aurois reçu, j'aurois lu.*

D. *Le mode Optatif a-t-il plusieurs temps ?*

Le mode Optatif n'a qu'un temps, qui est le présent *aime, finis, reçois, lis.*

D. *Combien compte-t-on de temps au Complétif ?*

R. On en compte quatre, qui sont le présent *que j'aime, que je finisse, que je reçoive, que je lise.*

Le passé simultanée ou imparfait, *que j'aimasse, que je finisse, que je reçusse, que je lusse.*

Le passé absolu, *que j'aie aimé, que j'aie fini, que j'aie reçu, que j'aie lu.*

Le passé antérieur relatif ou plusque-parfait, *que j'eusse aimé, que j'eusse fini, que j'eusse reçu, que j'eusse lu.*

DES CONJUGAISONS.

D. *Qu'entendez-vous par conjugaison?*

R. Le mot conjugaison signifie *assemblage.* Conjuguer un verbe, c'est le réciter avec ses personnes, ses nombres, ses modes et ses temps.

D. *Combien avons-nous de conjugaisons?*

R. Nous avons quatre conjugaisons, qui sont autaut de classes dans lesquelles on peut ranger toutes les espèces de verbes.

La première est en *er*, comme *aimer;* la seconde en *ir*, comme *finir;* la troisième en *oir*, comme *recevoir;* et la quatrième en *re*, comme *lire.*

D. *Quels sont les verbes qu'on appelle* auxiliaires *dans la langue française?*

D. Ce sont les verbes *être* et *avoir.* On les appelle *auxiliaires*, parce qu'ils servent à conjuguer tous les autres verbes.

CONJUGAISON
DU VERBE *ÊTRE*.

INDÉFINI.

Présent,

Être.

Participe présent,
Étant.

Participe passé,
Été.

AFFIRMATIF.

Présent.

S. Je suis.
    Tu es.
    Il est.
P. Nous sommes.
    Vous êtes.
    Ils sont.

Passé simultanée.

J'étois.
Tu étois.
Il étoit.
Nous étions.
Vous étiez.
Ils étoient.

Passé défini.

Je fus.
Tu fus.

Il fut.
Nous fûmes.
Vous fûtes.
Ils furent.

Passé indéfini.

J'ai été.
Tu as été.
Il a été.
Nous avons été.
Vous avez été.
Ils ont été.

Passé antérieur défini.

J'eus été.
Tu eus été.
Il eut été.
Nous avons été.
Vous avez été.
Ils ont été.

Passé antérieur indéfini.

J'ai eu été, etc.

    Cette forme tempo-
relle n'est guère en
usage dans ce verbe.

Passé antérieur relatif.

J'avois été.
Tu avois été.

Il avoit été.
Nous avions été.
Vous aviez été.
Ils avoient été.

Futur simple.

Je serai.
Tu seras.
Il sera.
Nous serons.
Vous serez.
Ils seront.

Futur relatif.

J'aurai été.
Tu auras été.
Il aura été.
Nous aurons été.
Vous aurez été.
Ils auront été.

Conditionnel présent.

Je serois.
Tu serois.
Il seroit.
Nous serions.
Vous seriez.
Ils seroient.

Conditionnel passé.

J'aurois été.
Tu aurois été.
Il auroit été.
Nous aurions été.
Vous auriez été.

Ils auroient été.

OPTATIF.

Sois.
Soyons.
Soyez.

COMPLÉTIF.

Présent.

Que je sois.
Que tu sois.
Qu'il soit.
Que nous soyons.
Que vous soyez.
Qu'ils soient.

Passé simultané.

Que je fusse.
Que tu fusse.
Qu'il fût.
Que nous fussions.
Que vous fussiez.
Qu'ils fussent.

Passé absolu.

Que j'aie été.
Que tu aies été.
Qu'il ait été.
Que nous ayons été.
Que vous ayez été.
Qu'ils aient été.

Passé antérieur relatif.

Que j'eusse été.

Que tu eusses été.	Que vous eussiez été.
Qu'il eût été.	Qu'ils eussent été.
Que nous eussious été.	

CONJUGAISON
DU VERBE *AVOIR.*

INDÉFINI.	Vous aviez.
	Ils avoient.
Présent ,	
	Passé défini.
Avoir.	
	J'eus.
Participe présent ,	Tu eus.
	Il eut.
Ayant.	Nous eûmes.
	Vous eûtes.
Participe passé ,	Ils eurent.
eu , eue.	
	Passé indéfini
AFFIRMATIF.	
	J'ai eu.
Présent,	Tu as eu.
	Il a eu.
S. J'ai.	Nous avons eu
Tu as.	Vous avez eu.
Il a.	Ils ont eu.
P. Nous avons.	
Vous avez.	*Passé antérieur défini.*
Ils ont.	
	J'eus eu.
Passé simultanée.	Tu eus eu.
	Il eut eu.
J'avois.	Nous eûmes eu.
Tu avois.	Vous eûtes eu.
Il avoit.	Ils eurent eu.
Nous avions.	

Passé antérieur indéfini.

J'ai eu eu, etc.

Cette forme temporelle manque à ce verbe, à cause de la cacophonie que fait *j'ai eu eu.*

Passé antérieur relatif.

J'avois eu.
Tu avois eu.
Il avoit eu.
Nous avions eu.
Vous aviez eu.
Ils avoient eu.

Futur simple.

J'aurai.
Tu auras.
Il aura.
Nous aurons.
Vous aurez.
Ils auront.

Futur relatif.

J'aurai eu.
Tu auras eu.
Il aura eu.
Nous aurons eu.
Vous aurez eu.
Ils auront eu.

Conditionnel présent.

J'aurois.
Tu aurois.

Il auroit.
Nous aurions.
Vous auriez.
Ils auroient.

Conditionnel passé.

J'aurois eu.
Tu aurois eu.
Il auroit eu.
Nous aurions eu.
Vous auriez eu.
Ils auroient eu.

OPTATIF.

Aie.
Ayons.
Ayez.

COMPLÉTIF.

Présent.

Que j'aie.
Que tu aies.
Qu'il ait.
Que nous ayons.
Que vous ayez.
Qu'ils aient.

Passé simultanée.

Que j'eusse.
Que tu eusses.
Qu'il eût.
Que nous eussions.
Que vous eussiez.
Qu'ils eussent.

Passé absolu.	*Passé antérieur relatif.*
Que j'aie eu.	Que j'eusse eu.
Que tu aies eu.	Que tu eusses eu.
Qu'il ait eu.	Qu'il eût eu.
Que nous ayons eu.	Que nous eussions eu.
Que vous ayez eu.	Que vous eussiez eu.
Qu'ils aient eu.	Qu'ils eussent eu.

CONJUGAISON

DU VERBE *AIMER.*

Première Conjugaison.

INDÉFINI.	*Passé simultanée.*
Présent.	J'aimois.
	Tu aimois.
Aimer.	Il aimoit.
	Nous aimions.
Participe présent.	Vous aimiez.
	Ils aimoient.
Aimant.	
	Passé défini.
Participe passé.	
	J'aimai.
Aimé, ée.	Tu aimas.
	Il aima.
AFFIRMATIF.	Nous aimâmes.
	Vous aimâtes.
Présent.	Ils aimèrent.
S. J'aime.	*Passé indéfini.*
Tu aimes.	
Il aime.	J'ai aimé.
P. Nous aimons.	Tu as aimé.
Vous aimez.	
Ils aiment.	

Il a aimé.
Nous avons aimé.
Vous avez aimé.
Ils ont aimé.

Passé antérieur défini.

J'eus aimé.
Tu eus aimé.
Il eut aimé.
Nous eûmes aimé.
Vous eûtes aimé.
Ils eurent aimé.

Passé antérieur indéfini.

J'ai eu aimé.
Tu as eu aimé.
Il a eu aimé.
Nous avons eu aimé.
Vous avez eu aimé.
Ils ont eu aimé.

Passé antérieur relatif.

J'avois aimé.
Tu avois aimé.
Il avoit aimé.
Nous avions aimé.
Vous aviez aimé.
Ils avoient aimé.

Futur simple.

J'aimerai.
Tu aimeras.
Il aimera.
Nous aimerons.
Vous aimerez.
Ils aimeront.

Futur relatif.

J'aurai aimé.
Tu auras aimé.
Il aura aimé.
Nous aurons aimé.
Vous aurez aimé.
Ils auront aimé.

Conditionnel présent.

J'aimerois.
Tu aimerois.
Il aimeroit.
Nous aimerions.
Vous aimeriez.
Ils aimeroient.

Conditionnel passé.

J'aurois aimé.
Tu aurois aimé.
Il auroit aimé.
Nous aurions aimé.
Vous auriez aimé.
Ils auroient aimé.

OPTATIF.

Aime.
Aimons.
Aimez.

COMPLÉTIF.
Présent.

Que j'aime.
Que tu aimes.
Qu'il aime.

E

Que nous aimions.
Que vous aimiez.
Qu'ils aiment

Passé simultanée.

Que j'aimasse.
Que tu aimasses.
Qu'il aimât.
Que nous aimassions.
Que vous aimassiez.
Qu'ils aimassent.

Passé absolu.

Que j'aie aimé.

Que tu aies aimé.
Qu'il ait aimé.
Que nous ayons aimé.
Que vous ayez aimé.
Qu'ils aient aimé.

Passé antérieur relatif.

Que j'eusse aimé.
Que tu eusses aimé.
Qu'il eût aimé.
Que nous eussions aimé.
Que vous eussiez aimé.
Qu'ils eussent aimé.

CONJUGAISON

DU VERBE *FINIR.*

Deuxième Conjugaison.

INDÉFINI.

Présent.

Finir.

Participe présent.

Finissant.

Participe passé.

Fini, ie,

AFFIRMATIF.

Présent.

S. Je finis.
   Tu finis.
   Il finit.
P. Nous finissons,
   Vous finissez.
   Ils finissent.

Passé simultanée.

Je finissois.

Tu finissois.
Il finissoit.
Nous finissions.
Vous finissiez.
Ils finissoient.

Passé défini.

Je finis.
Tu finis.
Il finit.
Nous finîmes.
Vous finîtes.
Ils finirent.

Passé indéfini.

J'ai fini.
Tu as fini.
Il a fini.
Nous avons fini.
Vous avez fini.
Ils ont fini.

Passé antérieur défini.

J'eus fini.
Tu eus fini.
Il eut fini.
Nous eûmes fini.
Vous eûtes fini.
Ils eurent fini.

Passé antérieur indéfini.

J'ai eu fini.
Tu as eu fini.
Il a eu fini.
Nous avons eu fini.

Vous avez eu fini.
Ils ont eu fini.

Passé antérieur relatif.

J'avois fini.
Tu avois fini.
Il avoit fini.
Nous avions fini.
Vous aviez fini.
Ils avoient fini.

Futur simple.

Je finirai.
Tu finiras.
Il finira.
Nous finirons.
Vous finirez.
Ils finiront.

Futur relatif.

J'aurai fini.
Tu auras fini.
Il aura fini.
Nous aurons fini.
Vous aurez fini.
Ils auront fini.

Conditionnel présent.

Je finirois.
Tu finirois.
Il finiroit.
Nous finirions.
Vous finiriez.
Ils finiroient.

Conditionnel passé.

J'aurois fini.
Tu aurois fini.
Il auroit fini.
Nous aurions fini.
Vous auriez fini.
Ils auroient fini.

OPTATIF.

Finis.
Finissons.
Finissez.

COMPLÉTIF.

Présent.

Que je finisse.
Que tu finisses.
Qu'il finisse.
Que nous finissions.
Que vous finissiez.
Qu'ils finissent.

Passé simultanée.

Que je finisse.
Que tu finisse.
Qu'il finît.
Que nous finissions.
Que vous finissiez.
Qu'ils finissent.

Passé absolu.

Que j'aie fini.
Que tu aies fini.
Qu'il ait fini.
Que nous ayons fini.
Que vous ayez fini.
Qu'ils aient fini.

Passé antérieur relatif.

Que j'eusse fini.
Que tu eusses fini.
Qu'il eût fini.
Que nous eusssions fini.
Que vous eussiez fini.
Qu'ils eussent fini.

C O N J U G A I S O N

DU VERBE *RECEVOIR.*

Troisième Conjugaison.

INDÉFINI.

Présent.

Recevoir.

Participe présent.

Recevant.

Participe passé.

Reçu , ue.

AFFIRMATIF.

Présent.

S. Je reçois.
Tu reçois.
Il reçoit.
P. Nous recevons.
Vous recevez.
Ils reçoivent.

Passé simultanée.

Je recevois.
Tu recevois.
Il recevoit.
Nous recevions.

Vous receviez.
Ils recevoient.

Passé défini.

Je reçus.
Tu reçus.
Il reçut.
Nous reçûmes.
Vous reçûtes.
Ils reçurent.

Passé indéfini.

J'ai reçu.
Tu as reçu.
Il a reçu.
Nous avons reçu.
Vous avez reçu.
Ils ont reçu.

Passé antérieur défini.

J'eus reçu.
Tu eus reçu.
Il eut reçu.
Nous eûmes reçu.
Vous eûtes reçu.
Ils eurent reçu.

Passé antérieur indéfini.

J'ai eu reçu.
Tu as eu reçu.
Il a eu reçu.
Nous avons eu reçu.
Vous avez eu reçu.
Ils ont eu reçu.

Passé antérieur relatif.

J'avois reçu.
Tu avois reçu.
Il avoit reçu.
Nous avions reçu.
Vous aviez reçu.
Ils avoient reçu.

Futur simple.

Je recevrai.
Tu recevras.
Il recevra.
Nous recevrons.
Vous recevrez.
Ils recevront.

Futur relatif.

J'aurai reçu.
Tu auras reçu.
Il aura reçu.
Nous aurons reçu.
Vous aurez reçu.
Ils auront reçu.

Conditionnel présent.

Je recevrois.
Tu recevrois

Il recevroit.
Nous recevrions.
Vous recevriez.
Ils recevroient.

Conditionnel passé.

J'aurois reçu.
Tu aurois reçu.
Il auroit reçu.
Nous aurions reçu.
Vous auriez reçu.
Ils auroient reçu.

OPTATIF.

Reçois.
Recevons.
Recevez.

COMPLÉTIF.

Présent.

Que je reçoive.
Que tu reçoives.
Qu'il reçoive.
Que nous recevions.
Que vous receviez.
Qu'ils reçoivent.

Passé simultanée.

Que je reçusse.
Que tu reçusses.
Qu'il reçût.
Que nous reçussions.
Que vous reçussiez.
Qu'ils reçussent.

Passé absolu.	*Passé antérieur relatif.*
Que j'aie reçu.	Que j'eusse reçu.
Que tu aies reçu.	Que tu eusses reçu.
Qu'il ait reçu.	Qu'il eût reçu.
Que nous ayons reçu.	Que nous eussions reçu.
Que vous ayez reçu.	Que vous eussiez reçu.
Qu'ils aient reçu.	Qu'ils eussent reçu.

CONJUGAISON

DU VERBE *LIRE.*

Quatrième Conjugaison.

INDÉFINI.	*Passé simultanée.*
Présent.	
Lire.	Je lisois.
	Tu Lisois.
Participe présent.	Il lisoit.
Lisant.	Nous lisions.
	Vous lisiez.
Participe passé.	Ils lisoient.
Lue, ue.	
	Passé défini.
AFFIRMATIF.	Je lus.
Présent.	Tu lus.
	Il lut.
S. Je lis.	Nous lûmes.
Tu lis.	Vous lûtes.
Il lit.	Ils lurent.
P. Nous lisons.	
Vous lisez.	*Passé indéfini.*
Ils lisent.	J'ai lu.

Tu as lu..
Il a lu.
Nous avons lu.
Vous avez lu.
Ils ont lu.

Passé antérieur défini..

J'eus lu.
Tu eus lu.
Il eut lu.
Nous eûmes lu.
Vous eûtes lu.
Ils eurent lu.

Passé antérieur indéfini.

J'ai eu lu.
Tu as eu lu.
Il a eu lu.
Nous avons eu lu.
Vous avez eu lu.
Ils ont eu lu.

Passé antérieur relatif.

J'avois lu.
Tu avois lu.
Il avoit lu.
Nous avions lu.
Vous aviez lu.
Ils avoient lu.

Futur simple.

Je lirai.
Tu liras.
Il lira.
Nous lirons.
Vous lirez.
Ils liront.

Futur relatif.

J'aurai lu.
Tu auras lu.
Il aura lu.
Nous aurons lu.
Vous aurez lu.
Ils auront lu.

Conditionnel présent.

Je lirois.
Tu lirois.
Il liroit.
Nous lirions.
Vous liriez.
Ils liroient.

Conditionnel passé.

J'aurois lu.
Tu aurois lu.
Il auroit lu.
Nous aurions lu.
Vous auriez lu.
Ils auroient lu.

OPTATIF.

Lis.
Lisons.
Lisez.

COMPLÉTIF.

Présent.

Que je lise.
Que tu lises.
Qu'il lise.

Que nous lisions.
Que vous lisiez.
Qu'ils lisent.

Passé simultanée.

Que je lusse.
Que tu lusse.
Qu'il lût.
Que nous lussions.
Que vous lussiez.
Qu'ils lussent.

Passé absolu.

Que j'aie lu.

Que tu aies lu.
Qu'il ait lu.
Que nous ayons lu.
Que vous ayez lu.
Qu'ils aient lu.

Passé antérieur relatif.

Que j'eusse lu.
Que tu eusses lu.
Qu'il eût lu.
Que nous eussions lu.
Que vous eussiez lu.
Qu'ils eussent lu.

CHAPITRE CINQUIÈME.

DU PARTICIPE.

Cinquième espèce de Mots.

D. *QU'EST-CE que le participe ?*

R. Le participe est un mot qui tient de la nature du verbe dont il est formé, et qui, comme l'adjectif, modifie les substantifs auxquels il se rapporte.

C'est ce double rapport à deux sortes de mots différents, qui lui a fait donner le nom de participe, c'est-à-dire, qui *a part* à deux éléments divers.

D. *Combien distinguez-vous de sortes de participes ?*

R. Deux : le participe présent terminé en *ant*, comme *aimant, chantant, lisant*, et le participe passé terminé en *é, i, u*, comme *aimé, fini, lu*.

Dans la fable suivante de VITALIS, intitulée le Cep de vigne, les mots *traité* et *planté*, sont des participes passés ; les mots *laissant* et *cassant* sont des participes présents.

UN cep de vigne adolescent
Se lamentoit d'être à son âge,
Encor *traité* comme un enfant.
Étoit-il si petit pour qu'on le crût peu sage ?
Qu'avoit-il donc besoin de ce triste échalas,
Toujours à ses côtés, *planté* là comme un terme ?
Ah ! vraiment, foi de chasselas,
Il sauroit bien sans lui se tenir ferme ?
Jean, se *laissant* persuader,
(Ce Jean ressemble à plus d'un père)
Met à l'écart le tuteur salutaire,
Puis dit au cep : songe à te bien garder
De la fureur des autans en colère :
Et de la part du jeune téméraire
Promesse de ne pas céder :
Mais, hélas ! ni cette promesse,
Ni les conseils, ni les leçons,
Que Jean donna dans sa tendresse,
Ne purent rien contre les aquilons,
Qui mirent le cep en détresse,
En lui *cassant* tous ses bourgeons.

Gardez-vous bien, imprudente jeunesse,
De vous fier à vos propres efforts.
Attachez-vous à de plus forts,
Pour protéger votre foiblesse.

Remarque sur Du.

Dû , Du.

D. *Comment distinguez-vous* dû, *participe, de* du, *article ?*

R. Par un accent circonflexe que l'on met sur le participe.

Exemple du premier cas.

A de moindres fureurs je n'ai pas dû m'attendre.

RACINE.

Exemple du deuxième cas.

LE MAITRE ET LE DISCIPLE. (FABLE.)

Par FLEURI.

CERTAIN jeune écolier indocile et mutin,
Se souciant fort peu *du* grec et *du* latin,
Au lieu de s'occuper à lire,
En classe, employoit tout son temps
A former avec de la cire
Des marmousets, des jeux d'enfants.
Son Argus l'aperçoit, et d'abord d'importance
Il le réprimande, il le tanse :
Autant en emporte le vent.
L'enfant fait comme auparavant,

Et reprend les jouets qu'on veut lui interdire :
Or, que faire à cela, que dire ?
Le maître comprit bien que c'étoit battre l'air.
Il prend donc un parti plus sage :
Il prend quelques morceaux de fer,
S'approche *du* mutin, regarde son ouvrage :
Que vous travaillez bien, lui dit-il, en riant !
Ces figures en cire, annoncent *du* talent.
J'en suis ravi, mon fils, mais de votre industrie
Faites usage, je vous prie,
Sur ces morceaux de fer, et tâchez d'en former
Quelque portrait, quelque figure ;
D'y mettre votre temps, bien loin de vous blâmer,
J'en serois très-charmé ; c'est moi qui vous l'assure.
Qu'exigez-vous de moi, dit alors l'écolier ?
Le fer ne peut pas se plier,
Et vous prétendez que j'en tire
Même parti que de la cire !
Non, non, mes efforts seroient vains,
Et la chose n'est pas possible ;
Rendez le fer moins inflexible,
Et je remplirai vos desseins.
Vous raisonnez au mieux, reprit le maître habile,
Qui vouloit corriger son indocilité ;
Mais apprenez pourtant qu'il seroit plus facile
De façonner le fer malgré sa dureté,
Que de former l'esprit d'un enfant indocile.
Voulez-vous donc que mes soins vigilants
Forment vos mœurs, cultivent vos talents ?
Au lieu de contester, au lieu de contredire,
Soyez à mon égard ce qu'est pour vous la cire.

Nous ne donnerons point ici de règles
sur la variation et la non-variation des participes. Les explications qu'exige cette

partie intéressante du discours, sont au-
dessus de l'intelligence d'enfants de huit et
même de dix ans : et c'est principalement
pour cet âge que cette petite Grammaire
a été composée.

DES MOTS INVARIABLES.

CHAPITRE SIXIÈME.

DE L'ADVERBE.

Sixième espèce de Mots.

D, *Qu'est-ce que l'adverbe ?*
R. L'adverbe est un mot qui se joint
aux verbes, aux adjectifs, quelquefois
même à un autre adverbe, pour en exprimer quelque modification.

Les mots *jamais*, *plus*, *aussitôt*,
alors, que l'on trouve dans la fable suivante, sont des adverbes..

LA MÈRE, L'ENFANT ET LES SARIGUES.

Par FLORIAN.

MAMAN, disoit un jour, à la plus tendre mère ;
Un enfant Péruvien, sur ses genous assis ;

Quel est cet animal qui dans cette bruyère
    Se promène avec ses petits ?
Il ressemble au renard. Mon fils, répondit-elle ;
    Du sarigue c'est la femelle,
    Nulle mère pour ses enfants
N'eut jamais *plus* d'amour, *plus* de soins vigilants.
La nature a voulu seconder sa tendresse,
    Et lui fit près de l'estomac
Une poche profonde, une espèce de sac ;
Où ses petits, quand un danger les presse,
    Vont mettre à couvert leur foiblesse :
Fais un bruit, tu verras ce qu'ils vont devenir.
L'enfant frappe des mains ; la sarigue attentive
    Se dresse, et d'une voix plaintive
Jette un cri ; les petits *aussitôt* d'accourir,
    Et de s'élancer vers la mère,
En cherchant dans son sein leur retraite ordinaire.
    La poche s'ouvre, les petits
    En un moment y sont blottis,
Ils disparoissent tous, la mère avec vîtesse
    S'enfuit, emportant sa richesse.
La Péruvienne, *alors*, dit à l'enfant surpris :
    Si jamais le sort t'est contraire,
Souviens-toi du sarigue, imite-le, mon fils :
L'asile le plus sûr est le sein d'une mère.

D. *Faites-nous connoître les principaux adverbes ?*

R. Les principaux adverbes sont *assez,
aujourd'hui, auparavant, beaucoup,
bien, peu, comment, hier, plus, d'a-
bord, davantage, là, où,* etc.

Remarques sur quelques Adverbes.

Là , La.

D. *Que remarquez-vous sur la ?*

R. *Là*, adverbe, prend un accent grave ; il signifie *dans cet endroit. Exemple :* que faites-vous *là* ? il est *là*.

La, article ou pronom relatif, ne prend aucun accent.

La fable suivante nous offre plusieurs exemples de *là*, adverbe, et de *la*, article.

L'ÉPAGNEUL ET LE CHAT.

Par ✱ ✱ ✱

Un épagneul un jour jouoit avec Mitis ;
Non comme chien et chat, mais comme bons amis,
Ils faisoient mille tours, s'escrimoient de *la* patte,
    Mais d'une façon délicate,
Qui n'avoit d'autre effet qu'un doux chatouillement.
    Les ris, *la* paix et *la* concorde,
Jusques-*là* présidoient à leur amusement.
    Mais vint *la* pomme de discorde.
Le maître par hasard se trouvant *là* présent ;
Charmé de leur adresse et de leur bonne grace ;
    Au milieu d'eux jette un morceau friand.
Voilà que tout-à-coup le jeu change *de face :*
Ce ne fut plus un jeu, ce fut un vrai combat ;
    Ce fut une guerre cruelle.
Ce couple qui s'aimoit d'une amour fraternelle ;
Reprend son caractère et de chien et de chat.

Chacun d'eux veut avoir le morceau qui le flatte,
Ils font jouer les dents, ils font aller *la* patte,
Non pour se chatouiller, ainsi qu'auparavant,
Mais pour se déchirer impitoyablement.
Déja le sang couloit, et leur rage cruelle
Eut conduit l'un des deux aux bords de l'Achéron,
Si le maître aussitôt, pour finir leur querelle,
N'eût fait jouer martin-bâton.

Si-tôt que l'intérêt s'y mêle,
Le jeu n'est plus amusement.
Il devient passion, fureur, emportement.

Peu, Peut.

D. Comment distinguez-vous, peu, *adverbe, de* peut, *venant du verbe pouvoir ?*

R. *Peu* écrit sans *t* est adverbe, il signifie *petite quantité, court espace de temps.*

On écrit avec un *t* peut, venant du verbe *pouvoir ;* c'est la troisième personne du présent de l'affirmatif : *je peux, tu peux, il peut.*

EXEMPLE :

LES ANIMAUX MALADES DE LA PESTE,

FABLE.

Par LA FONTAINE.

Un mal qui qui répand la terreur ;

Mal que le ciel en sa fureur
Inventa pour punir les crimes de la terre,
La peste (puisqu'il faut l'appeler par son nom),
Capable d'enrichir en un jour l'Achéron,
    Faisoit aux animaux la guerre.
Ils ne mouroient pas tous, mais tous étoient frappés.
    On n'en voyoit point d'occupés
A chercher le soutien d'une mourante vie ;
    Nul mets n'excitoit leur envie :
    Ni loups, ni renards n'épioient
    La douce et l'innocente proie :
    Les tourterelles se fuyoient,
    Plus d'amour, partant plus de joie.
Le lion tint conseil, et dit : mes chers amis,
    Je crois que le ciel a permis
    Pour nos péchés cette infortune ;
    Que le plus coupable de nous
Se sacrifie aux traits du céleste courroux,
Peut-être il obtiendra la guérison commune.
L'histoire nous apprend qu'en de tels accidents
    On fait de pareils dévoûments.
Ne nous flattons donc point, voyons sans indul-
    gence
    L'état de notre conscience.
Pour moi, satisfaisant mes appétits gloutons,
    J'ai dévoré force moutons.
    Que m'avoient-ils fait ? nulle offense.
Même il m'est arrivé quelquefois de manger le
    berger.
Je me dévoûrai donc, s'il le faut, mais je pense
Qu'il est bon que chacun s'accuse ainsi que moi ;
Car on doit souhaiter, selon toute justice,
    Que le plus coupable périsse.
Sire, dit le renard, vous êtes trop bon roi ;
Vos scrupules font voir trop de délicatesse.
Eh bien ! manger moutons, canaille, sotte espèce,

Est-ce un péché ? non, non. Vous leur fîtes,
   Seigneur,
  En les croquant, beaucoup d'honneur.
  Et quant au berger, l'on *peut* dire
  Qu'il étoit digne de tous maux,
Étant de ces gens-là qui sur les animaux
  Se font un chimérique empire.
Ainsi dit le renard, et flatteurs d'applaudir.
  On n'osa trop approfondir
Du tigre, ni de l'ours, ni des autres puissances,
  Les moins pardonnables offenses :
Tous les gens querelleurs, jusqu'aux simples mâtins,
Au dire de chacun, étoient de petits saints.
L'âne vint à son tour, et dit : j'ai souvenance
  Qu'en un pré de moines passant,
La faim, l'occasion, l'herbe tendre, et je pense,
  Quelque diable aussi me poussant,
Je tondis de ce pré la largeur de ma langue.
Je n'en avois nul droit, puisqu'il faut parler net.
A ces mots, on cria, haro sur le baudet.
Un loup, quelque *peu* clerc, prouva par sa harangue,
Qu'il falloit dévouer ce maudit animal,
Ce pelé, ce galeux, d'où venoit tout leur mal.
Sa peccadille fut jugée un cas pendable.
Manger l'herbe d'autrui ! quel crime abominable !
  Rien que la mort n'étoit capable
D'expier son forfait. On le lui fit bien voir.

Selon que vous serez puissant ou misérable,
Les jugements de cour vous rendront blanc ou noir.

Davantage, D'avantage.

D. *Qu'observe-t-on sur* davantage ?

R. Lorsque ce mot est adverbe , on l'écrit sans aucun signe de séparation.

EXEMPLE:

L'ENFANT ET LE PETIT ÉCU,

FABLE.

Par FLORIAN.

POSSESSEUR d'un petit écu,
Un enfant se croyoit le plus riche du monde.
Le voilà qui fait voir ce trésor à la ronde ,
 En criant gaîment : j'ai bien lu !
 A merveille ! lui dit un sage ;
C'est le prix du savoir que vous avez reçu,
Du savoir tel qu'on peut le montrer à votre âge :
Mais voulez-vous encore être heureux *davantage ?*
Aspirez , mon enfant , au prix de la vertu :
Vous l'aurez , quand des biens vous saurez faire
  usage.
 L'enfant entendit ce langage.
L'écu , d'après son cœur , et sensible et bien né ,
A rapporter le double est soudain destiné ;
 Avec le pauvre il le partage.

Lorsque ce mot est substantif, il doit toujours être séparé de la préposition *de* par une apostrophe. *Exemple :*

Combien un élève docile, attentif, exact à remplir tous ses devoirs se trouve, à la fin de l'année, avoir *d'avantage* sur ses condisciples !

CHAPITRE SEPTIÈME.

DE LA PRÉPOSITION.

Septième espèce de Mots.

D. *QU'EST-CE que la préposition?*

R. La préposition est un mot qui placé devant un autre mot en fait connaître les différents rapports.

On voit un rapport de motif, dans *je travaille pour m'instruire*; un rapport de but, dans *je vais à Paris*, et un rapport de possession, dans *la sœur de mon ami.*

Voici une fable où la préposition indique encore d'autres rapports.

L'ENFANT DÉNICHEUR.

Par VITALIS.

JEUNES enfants ont toujours eu la rage
De dénicher et merles et pinçons,
Et toutes sortes d'oisillons.
Sur trente qu'ils mettent en cage
A peine un seul survit; et certes c'est dommage!
Moins d'oiseaux et moins de chansons;
Moins de plaisir dans le bocage.
Mais aux enfants qu'importe le ramage?

C'est l'oiseau qu'ils veulent tenir ;
C'est leur manière *de* jouir ;
Et plus *d*'un homme fait n'en sait pas davantage.
Un marmot s'en vint donc apporter , tout joyeux ,
Un nid *de* fauvette *à* sa mère.
Jamais il ne fut plus heureux !
Bonheur si grand ne dure guère.
Le même soir un jeune chat
Fit son souper *de* la nichée.
L'enfant cria , pleura , fit tel sabbat
Qu'on auroit dit une Hélène enlevée ;
Et la mère *de* dire alors ,
Pourquoi ces pleurs , cette colère ?
De quel côté sont donc les torts ?
Le chat n'a fait , mon fils , que ce qu'il t'a vu faire ;
Tu fus bien plus cruel à l'égard des parents
De ces oiseaux innocents ;
Juge *de* leur douleur amère ,
Par la peine que tu ressens.
Les maux que nous causons doivent être les nôtres ,
Mon fils , quand tu voudras jouir ,
Fais en sorte que ton plaisir
Ne soit pas le tourment des autres.

D. *Quelles sont les principales prépositions ?*

R. Ce sont : *à* , *après* , *avec* , *avant* , *contre* , *chez* , *dans* , *pour* , *par* , *sur* , *sous* , etc.

Remarques sur quelques Prépositions.

à , a

D. *Comment distinguez-vous* à *, préposition , de* a *, venant du verbe* avoir *?*

R. La préposition *à* prend un accent grave. Ce mot répond à la question *à qui, à quoi, où, quand, comment.*

A, venant du verbe avoir ne prend aucun accent. Ce mot exprime toujours une idée de possession.

L'EXEMPLE:

LE VILLAGEOIS ET SON FILS. (FABLE.)

Par RICHER.

UN villageois sensé, la moisson approchant,
Avec son jeune fils vint visiter son champ :
   Qu'y voit-il ? la terre couverte
De bleuets, de pavots, et de mainte autre fleur ;
   Mais peu d'épis, et leur maigreur
   Le fait frémir de la perte
   Que lui causoit son laboureur.
   L'enfant ne pensoit pas de même :
   Il étoit d'une joie extrême
   De voir ce spectacle nouveau.
   Voyez, disoit-il, *à* son père,
   Ce bleu, ce jaune, ce ponceau !
Quelle variété ! que ce champ doit vous plaire !
   Notre jardin *a-t-il* rien de si beau ?
Vous pensez, aujourd'hui, comme on pense *à* votre
     âge,
   Lui dit le père, en soupirant :
   Mais un jour devenu plus sage,
   Vous penserez tout autrement.
Vous sentirez combien nous cause de dommage
   Ce qui vous paroît si charmant ;

Et ce qui vous plaît davantage
Sera, par votre main, arraché promptement.
Ne jugez point sur l'apparence ;
Rien, mon fils, rien n'est si trompeur :
Que de compter sur un dehors flatteur.
Il en est de même des hommes :
Qu'on est trompé par leur extérieur !
On ne connoît ce que nous sommes
Qu'aux qualités de l'esprit et du cœur.

Dès , Des.

D. *Que remarquez-vous sur* des ?

R. *Dès*, préposition, prend un accent grave ; *des*, article, ne prend aucun accent. Ce dernier mot précède toujours un substantif.

La fable suivante nous offre un exemple de *des*, article, et de *dès*, préposition.

LE JEUNE OURS ET SON PÈRE.

Par ✶✶✶

CERTAIN ours eut un fils, aussi beau que son père :
Cet enfant, sans être flatté,
Devint, comme c'est l'ordinaire,
Ce qu'on nomme un enfant gâté.
S'il ouvroit sa petite gueule
Pour dire un mot ; ▬ ah ! que d'esprit,
Que de bons sens ! c'est la sagesse seule
Qui peut lui dicter ce qu'il dit.
Se mettoit-il, quelquefois, en colère ?

— Il a du cœur, des sentiments.
Médisoit-il ? — Il est, sincère.
Étoit-il fier ? — C'est le défaut *des* grands.
Bref, dans notre poupon tout paroissoit louable ;
En lui tout vice étoit aimable,
Qu'arrive-t-il à de pareils enfants ?
Ils se moquent bientôt de leurs foibles parents.
L'ours méprisa les siens, *dès* l'âge le plus tendre :
A peine daignoit-il leur parler, les entendre :
— Viens avec moi, petit mignon,
Nous irons à la chasse. — Non.
Pourquoi, mon fils ? — Vous me rompez la tête.
Toujours il élevoit le ton ;
Jamais il ne faisait une réponse honnête.
Tous ses discours étoient choquants :
On voulut le punir, mais il montroit les dents ;
Enfin le père accablé de tristesse,
Dit, en mourant, à ses amis :
De cet enfant pervers, objet de ma tendresse ;
J'ai bien mérité le mépris ;
C'est moi, c'est moi qui par foiblesse,
Par une excessive mollesse,
Ai gâté le cœur de mon fils.

Sur , Sûr.

D. *Comment distinguez-vous* sur, *préposition, de* sûr, *adjectif.*

R. On distingue *sur*, préposition, de *sûr*, adjectif, par un accent circonflexe qu'on met sur ce dernier. L'accent circonflexe remplace un *e* muet qu'on a supprimé. On écrivoit autrefois *seur*.

Exemple du premier cas.

LE CORBEAU ET LE RENARD. (FABLE.)

Par La Fontaine.

MAÎTRE corbeau, *sur* un arbre perché,
    Tenoit en son bec un fromage.
  Maître renard par l'odeur alléché,
    Lui tint à-peu-près ce langage :
    Hé ! bon jour, Monsieur du corbeau,
Que vous êtes joli ! que vous me semblez beau !
    Sans mentir, si votre ramage
    Se rapporte à votre plumage,
Vous êtes le phénix des hôtes de ces bois.
A ces mots, le corbeau ne se sent pas de joie ;
    Et pour montrer sa belle voix,
Il ouvre un large bec, laisse tomber sa proie.
Le renard s'en saisit, et dit : Mon bon Monsieur ;
    Apprenez que tout flatteur
    Vit aux dépens de celui qui l'écoute ;
Cette leçon vaut bien un fromage, sans doute.
    Le corbeau honteux et confus,
Jura, mais un peu tard, qu'on ne l'y prendroit
    plus.

Exemple du deuxième cas.

  Du méchant quelquefois la fortune est prospère ;
Mais son éclat ne peut éblouir ton regard.
Sois *sûr* qu'au fond du cœur, il porte une vipère
Qui le ronge, et qui doit l'étouffer tôt ou tard.

FRANÇOIS (de Neufchâteau.)

G

CHAPITRE HUITIÈME.

DE LA CONJONCTION.

Huitième espèce de Mots.

D. *QU'EST-CE que la conjonction?*
R. La conjonction est un mot qui sert
à unir deux phrases entre elles. Elle rap-
pelle ce qu'il seroit trop long de répéter.

Les mots *et, or, si, que, donc*, que
l'on trouve dans le petit conte suivant
sont des conjonctions.

LE PRODIGE.

Par PONS (de Verdun.)

MONSIEUR RONDON avoit un œil de verre,
Et chaque nuit pour le bien ménager,
Dans un godet, en belle eau de rivière,
Jusqu'au matin il le laissoit nager.
Or, il avint, *si* l'on en croit l'histoire,
Qu'un soir mon borgne ayant le gosier sec,
Sans y penser étourdiment va boire
L'eau du godet, et voire l'œil avec.
Par quel chemin, et de quelle manière
L'œil, en glissant de travers ou tout droit,
Se nicha-t-il juste en certain endroit,
Comme un bouton dans une boutonnière :
Je n'en sais rien, mais cela se conçoit.

On conçoit bien aussi *que* la colique
Suivit de près cet accident comique,
Et *que* Rondon, souffrant comme un damné,
Jetoit des cris, appeloit à son aide.
— Je meurs, Dubois... Cours chez monsieur René;
Cours et dis-lui *qu*'il m'apporte un remède !
Seringue en main, lunettes sur le nez,
Voyez d'ici le bon pharmacopole
Agenouillé sans se douter de rien,
Puis découvrant ce que vous savez bien,
S'arrêter net, *et* perdre la parole....
Monsieur, lui dit le malade aux abois,
Qu'avez-vous *donc* à tant rester en garde?
— Monsieur, depuis cinquante ans *que* j'en vois,
C'est le premier d'honneur qui me regarde.

D. *Faites-nous connoître les princi-*
pales conjonctions ?

R. Ce sont : *et, car, donc, dès que,*
lorsque, ni, ou, puisque, mais, que,
quand, soit, si, tandisque, etc.

Remarques sur quelques conjonctions.

Et , Est.

D. *Comment distinguez-vous* et, *con-*
jonction, de est, *troisième personne du*
présent de l'Affirmatif du verbe Étre?

R. La conjonction a un son aigu, et
s'écrit *et*; la troisième personne du présent de l'Affirmatif du verbe être, a, au

contraire, un son ouvert, et s'écrit *est*.

Il sera facile de distinguer ces deux espèces de mots si différentes pour le sens et la prononciation, dans la fable suivante de Le Bailly.

LE ROI, SON FILS ET L'ESCLAVE.

Le fils aîné d'un souverain,
Par mille excès honteux démentant sa naissance ;
A ses sujets qu'il opprimoit d'avance,
Annonçoit un sceptre d'airain.
L'abus marche souvent auprès de la puissance.
A tant d'affreux déréglements,
Il fallut mettre des entraves.
Le Roi mande son fils, il fait en même-temps
Amener à ses pieds le plus vil des esclaves,
Et commande à tous deux d'ôter leurs vêtements.
« Monstre ! indigne du trône et du jour qui
t'éclaire,
Dit à son héritier le monarque en colère ;
» Vois le corps de cet homme, *et* le compare
au tien :
» Observe, considère bien
» Si l'un de l'autre en rien diffère.
» Parle : peux-tu me dire en quoi
» L'esclave *est* distingué du roi ? »

L'enfant sentit le poids de cette remontrance ;
Il comprit que chaque mortel
D'une souche commune avoit tiré naissance ;
Et qu'entre nous la seule différence
Est le mérite personnel.

Dont, Donc, Don.

D. *Comment distinguez-vous* dont, *pronom relatif*, *de* donc, *conjonction*, *et de* don, *substantif?*

R. *Dont*, pronom relatif, prend un *t* à la fin. On le reconnoit quand on peut le tourner par *duquel*, *de laquelle*, *desquels*, *desquelles*. *Donc*, conjonction, prend un c.

E X E M P L E :

LE LABOUREUR ACCUSÉ DE MAGIE.

F A B L E.

Par R O B B É.

Sur les bords que le tibre arrose de ses eaux ;
   Vivoit jadis un laboureur habile ,
Dont le champ , quoiqu'il fût de son fond peu
     fertile ,
Récompensoit toujours ses pénibles travaux.
Vainement les saisons paroissoient déréglées ;
   Vent , grêle , chaleur ou gelées ,
Tout sembloit respecter ses fruits et ses moissons ;
Et tandis que les champs de tous les environs
Trompoient des possesseurs les vœux et l'espé-
     rance ,
Le sien étoit pour lui la corne d'abondance.
   Ses voisins en furent témoins ,
Et, loin d'attribuer son bonheur à ses soins ,

Aveuglés par la jalousie,
(On sait qu'elle est de tout métier)
Ils vous l'accusent de magie,
Et le citent comme sorcier.
Le laboureur paroît, et pour toute défense,
Dans la salle de l'audience
Il introduit son fils avec ses deux taureaux ;
Ses bêches avec ses rateaux ;
Et parlant avec assurance,
Voilà dit - il, les instruments
De la sorcellerie et des enchantements
Qu'ose me reprocher l'envie :
C'est d'eux seuls que je tiens tous ces fruits
abondants,
Qui me font accuser, aujourd'hui, de magie:
Condamnez-moi *donc*, j'y consens ;
Mais songez qu'étant mes complices,
Ils doivent partager avec moi les supplices,
Comme ils ont partagé mes soins et mes travaux.

Le sage laboureur se tut après ces mots :
Il n'avoit pas besoin d'en dire davantage.
Ce plaidoyer bien mieux que les plus beaux dis-
cours,
De son juge d'abord lui gagna le suffrage ;
Et son exemple apprit à tout le voisinage,
Que lorsque l'on travaille, on réussit toujours.

Don, écrit au singulier sans autre lettre finale qu'un *n*, est substantif.

EXEMPLE:

LE DIAMANT ET LE LAPIDAIRE.

FABLE.

Par ROBBÉ.

UN diamant informe et tout couvert de terre,
Ne pouvoit consentir à se laisser tailler :
    Et d'abord que le lapidaire
    S'occupoir à le travailler,
Pourquoi, lui disoit-il, me mettre à la torture?
    On dit souvent que la nature
    M'a donné trop de dureté,
Mais vous avez, sans-doute, une ame encor plus
    dure.
Ah! mettez fin, de grace, à votre cruauté,
    Et tirez-moi de cette roue,
    Où je me vois si maltraité.
— Oui, mon ami, dit l'ouvrier, j'avoue
    Que je vous traite avec rigueur :
    Mais si ma main trop indulgente
N'avoit soin de polir votre masse brillante,
Vous resteriez toujours sans prix et sans valeur,
Souffrez donc, mon ami, souffrez un peu de gêne :
Il faut souffrir, dit-on, pour être beau.
Le diamant enfin souffre, bien qu'avec peine,
Et ce n'est point en vain ; car dès que le ciseau
    L'a dépouillé de la matière
    Qui voiloit son front radieux,
Par l'éclat enchanteur de sa vive lumière,

Il frappe, il ravit tous les yeux ;
Et ceux qui l'avoient vu naguère
Brut, raboteux, couvert de terre,
Comprennent, en voyant ses feux étincelants,
Qu'inutilement la nature
Nous auroit départi les *dons* les plus brillants ;
Si le travail et la culture
Ne faisoient valoir ses présents.

Mais , Mes.

D. *Qu'observez-vous sur* mais ?

R. *Mais*, conjonction, s'écrit par *ais* ;
mes, adjectif possessif, s'écrit par *es* :
c'est le pluriel de *mon* et de *ma*.

La fable suivante nous offre plusieurs
exemples de *mais*, conjonction, et un
exemple de *mes*, adjectif.

LE RAT ET LE RATON.

Par DUCERCEAU.

Un vieux rat, au lit de la mort,
A son fils qui pleuroit, et se lamentoit fort ;
Pour testament tint ce langage :
Je te laisse, mon fils, assez ample héritage ;
De fromage et de pain, de noix et de raisin.
Tu trouveras plein magasin :
Jouis de *mes* travaux. Si tu veux être sage,
Quand tu vivrois cent ans encore, et davantage,
Tu n'en verrois jamais la fin.
Mais prends garde à la friandise,

C'est un écueil : les lardons gras,
Presque toujours sont de la Mort aux rats.
Fuis, n'en approche en nulle guise ,
    Si non , je te le prophétise ,
    Pauvre raton , tu périras.
    Le ciel te garde et t'en préserve !
    Disant ces mots il l'embrassa ;
Et dans le même instant, le bon-homme passa.
Le fils , maître des biens qu'avoit mis en réserve
Son cher papa défunt, d'abord s'en engraissa ;
Bientôt après , trouvant la chère trop bourgeoise ,
De fromage et de noix enfin il se lassa.
Voilà donc mon galant qui s'écarte et qui croise
    Sur tous les lieux des environs ;
Croque morceaux de lard , et les trouve fort bons :
Parbleu ! se disoit-il , mon bon-homme de père
Avec ses rogatons faisoit bien maigre chère :
    Vivent la guerre et les lardons !
    Avint qu'un jour , dans une souricière ,
    Il découvrit , en battant le pays ,
    Morceaux de lard des plus exquis.
Bon ! dit-il , tu viendras dans notre gibecière.
Le trou lui fut pourtant suspect , et lui fit peur ;
    J'ai même lu dans un fort bon auteur ,
    Qu'il recula quatre pas en arrière.
    Mais le lardon comme un fatal aimant ,
Le forçoit , l'attiroit à lui si doucement ,
Qu'après bien des façons le pauvret s'en approche ,
Et le flairant de près , y porte enfin les dents ,
    La bascule se décroche ,
    Et tombant , l'enferme dedans.
    Le voilà pris ; que va-t-il faire ?
    Il en mourut , à ce qu'on dit :
    Le papa l'avoit bien prédit.
Avis , prédictions qui ne servent de guère !
Quel fils ne se croit pas plus sage que son père !

Où , Ou.

D. Dans quel cas, le mot ou prend-il un accent ?

R. *Où*, adverbe ou pronom relatif, prend un accent grave. Il ne prend aucun accent, lorsqu'il est conjonction.

Exemple du premier cas.

LES VIEILLES LUNES. (CONTE.)

Par DE PARDAILLAN.

UN paysan qui n'étoit pas malin,
Causant un jour avec son ami Pierre ;
Voisin, dit-il, toi qui sais le latin,
Explique-moi d'*où* vient que sur la terre,
J'entends dire à chacun, ainsi qu'au bon curé :
Tel jour, à tel instant, vient la lune nouvelle.
Mais l'ancienne, que devient-elle ?
Pierre, dont l'esprit éclairé,
Au pays étoilé, voguoit à pleines voiles,
Reprit alors d'un ton très-assuré :
Pargué ! mon ami Claude, on en fait des étoiles.

Exemple du deuxième cas.

LE CANARD ET LE SERPENT. (FABLE.)

Par CHATEAU-DE-ROCHEBARON.

SUR les bords d'un étang, un canard vaniteux
Se disoit : Que de dons je reçus en partage ?

Trois éléments sont soumis à mes vœux ;
Las de marcher, je vole quand je veux ;
Las de voler, je nage.

Écoutant, à deux pas de là,
Un serpent, la prudence même,
Ou du moins son emblême,
En sifflant, l'appela,
Et lui dit à l'oreille :
Je ne vois pas dans tout cela
De quoi crier merveille.
Car tu ne peux, ami, voler comme un faucon,
T'élancer comme un cerf, nager comme un poisson.
Dans une seule chose, il vaut mieux être habile,
Que d'en savoir mal plus de mille.

CHAPITRE NEUVIÈME.

DE L'INTERJECTION.

Neuvième espèce de Mots.

D. *Qu'est-ce que l'interjection ?*
R. L'interjection est un mot qui sert à exprimer différents mouvements de l'ame.

Dans la fable suivante, les mots *ah !* *oh ciel !* sont des interjections.

L'ENFANT QUI FAIT LE MALADE. (FABLE.)

Par REYRE.

CERTAIN jeune écolier, l'idole de sa mère,

Et partant un peu volontaire ;
Étoit un jour sorti de l'austère prison,
Où le retenoit Apollon,
Pour passer au logis un certain jour de fête.
Comme il s'y trouvoit mieux que dans sa pension ;
Mon lutin se met dans la tête
De prolonger le temps qu'il devoit y rester.
Il falloit un prétexte ; il sut bien l'inventer.
Un écolier toujours a maladie en poche.
Il fait donc le malade, et l'orsque l'heure approche
Où du logis il faut partir,
Le drôle se met à pâlir :
Il rejette des mets que des yeux il dévore :
Ah ! quel point de côté ! quelle douleur de dents !
Je n'en puis plus : *oh ciel !* la rate encore !
Ma mère, je succombe aux douleurs que je sens.
A ces mots, il verse des larmes,
Quoiqu'il n'ait d'autre mal que de se bien porter ;
Aussitôt la mère en alarmes,
Mande les médecins, les veut tous consulter.
La Faculté paroît : maint docteur galénique
Entoure le jeune frippon.
La tendre maman leur explique
Son mal, sa situation.
On délibère, on examine ;
Chacun fait sa longue oraison :
Et, bien que le pouls soit fort bon ;
Pour l'honneur de la médecine,
On conclut d'une voix à la purgation.
Fut dit, fut fait ; on apporte la fiole
Qui renfermoit l'insipide boisson ;
On la présente à notre drôle.
Il la voit, il la sent, mais à la seule odeur
Il détourne la tête, il crie, il se désole,
Et rejette, en pleurant, cette amère liqueur.
La mère au désespoir, l'exhorte, le console ;

Elle fait apporter la boîte des bombons ;
Et , pour lui déguiser l'odeur médicinale,
Lui présente biscuits , massepains , macarons.
Notre cadet les goûte , ensuite il les avale,
    Puis dit qu'il est soulagé ,
    Et que plus il en a mangé ,
Moins il est tourmenté par la fièvre cruelle.
    La maman, à cette nouvelle,
Bannit la médecine avec tous ses docteurs.
Fière d'avoir trouvé ce nouvel antidote ,
    Au poupon elle n'en fait faute ;
    Et lui fournit force douceurs.
Cependant le lutin s'applaudit de sa ruse ,
Se rit de sa maman, qu'il trompe et qu'il abuse ;
    Et trouvant le remède bon ,
    Il fait durer la maladie,
    Et diffère la guérison.
Mais enfin , il fallut finir la comédie.
Le père , vieux routier non des plus complaisants ;
    Voit le malade , l'examine,
    Et comprend d'abord à sa mine ,
Que pour déraciner son mal en peu de temps ,
Il falloit employer remèdes d'autre espèce ,
    Et chasser d'abord la paresse.
    Que monsieur parte , et qu'aussitôt
On exige de lui les leçons et le thème.
    Monsieur part , sans dire mot,
Se contentant de pester en lui-même
De ce qu'on dérangeoit son aimable système.
Mais s'ennuyant bientôt du thème et des leçons ,
Et voulant rattraper encor quelques bonbons ,
    Il revient à son jeu comique ,
    Et ressuscite la colique.
Mais le papa sévère , au lieu de macarons ,
Ne lui fait présenter que de fades bouillons ;
Ecarte loin de lui sa trop crédule mère ,

Et lui donne, en sa place, un gouverneur austère.
　　Pour cette fois, le remède opéra.
L'écolier fut bientôt las de la maladie;
　　Bientôt son ventre murmura.
Ne trouvant plus son compte à cette tromperie,
　　Dans moins d'un jour la tête fut guérie;
　　　　La colique se retira;
Et la mère comprit qu'une rigueur prudente
　　Guérit les maux du cœur et de l'esprit;
Au lieu que la douceur, toujours trop indulgente,
　　Les entretient et les aigrit.

D. Faites-nous connoître les princi-pales interjections ?

R. Les principales interjections sont:

O, pour apostropher.

Ah ! pour exprimer la joie, la douleur.

Ha ! Ho ! Eh ! pour marquer la surprise.

Oh ! pour exprimer l'indignation.

Hem ! pour appeler.

Paix ! pour imposer silence.

DE LA CLASSIFICATION DES MOTS.

D. Qu'entendez-vous par la classification des mots ?

R. C'est l'art de ranger chaque mot dans la classe à laquelle il appartient.

D. *Regardez-vous la classification des mots comme utile et nécessaire?*

R. Cette méthode est si utile et si nécessaire que l'on ne peut se flatter de posséder les principes de la grammaire, si on ne se l'est rendue très-familière par un exercice souvent répété. Que seroit-ce, en effet, si l'on définissoit bien un nom, un verbe, une préposition, etc., et que l'on ne sût pas distinguer ces mots dans une phrase? « La théorie, dit Beauzée, » ne montre les principes que dans un état » de mort, la pratique les vivifie en quelque » sorte, l'expérience les justifie. »

Voici une fable où tous les mots sont classés d'après les principes que nous avons établis dans ce petit traité.

LE FAISEUR D'ALMANACHS.

Par SARTRE.

Adj.   subs. prép.   subs.   adv.   subs.
UN faiseur d' almanachs, soi-disant cytrologue,
pré.   art. subs.   adj.   pr. rel.   adv.   verb.
Pour l' an nouveau qui bientôt arrivoit,
art. subs. adj. conj. adj.   verb. art.   subs.
Des jours beaux et mauvais forgeoit le catalogue;
         conj. adj. pos. subs.   verb.
         Et   son   fils écrivoit.
        adj. pos. subs. verb. pro. indé. adj.
         Sa   main dit — on novice
prép. art.   adj.   subs.   verb.   adj. dém. subs.
Pour la première fois remplissoit cet office.

art. subs. conj. art. subs. art. subs. conj. art. adj.
Le froid et le brouillard, la pluie et le beau

subs.
temps,

art. subs. art. subs. art. subs. conj. art. subs.
Le dégel, la chaleur, le tonnerre et les vents;

pro. indéf. verb. adv.
Tout alloit pêle-mêle,

conj. prép. adj. subs. ver. subs. conj. subs.
Lorsque pour un jeudi, survint tempête et grêle.

art. adj. subs. adj. adj.
Le jeune scribe interdit, affligé,

pro. inter. adj. pos. subs. ver. pro. per. subs. subs. conj.
Quoi, mon papa! dit - il; jeudi, grêle et

subs.
tempête!

adv. ver. pro. per. pro. dém. ver. adj. subs. prép. subs.
Y pensez-vous ? C' est un jour de congé...

interj. verb. adj. subs. ver. art. subs.
Eh bien! écris *beau temps*, répondit le prophête.

DES SIGNES ORTHOGRAPHIQUES.

CHAPITRE PREMIER.

DES ACCENTS. (´ ` ^)

D. *Qu'entend-on par accents ?*

R. Ce sont de petits signes que l'on met sur les voyelles.

D. *Combien avons-nous de sortes d'accents ?*

R. Nous avons trois sortes d'accents : l'accent aigu, l'accent grave et l'accent circonflexe.

D. *Faites-nous connoître la figure et l'usage de chaque accent ?*

R. L'accent aigu, qui se fait de droite à gauche, se met sur les *é* fermés, comme dans *bonté*, *fermeté*, *vérité*, etc.

L'accent grave, qui se fait de gauche à droite, se met sur les *è* ouverts et moyens, comme dans *procès*, *succès*, *père*, *sévère*, etc.

L'accent circonflexe, qui est formé de la réunion des accents aigu et grave se met sur toutes les syllabes longues, où il y a suppression de lettres, comme dans *même*, *âge*, *rôle*, que l'on écrivoit autrefois ainsi, *mesme*, *aage*, *roole*.

CHAPITRE DEUXIÈME.

DE L'APOSTROPHE.

D. *Qu'est-ce que l'apostrophe ?*

R. L'apostrophe est un signe qui sert de séparation entre deux mots, et qui indique la suppression d'une voyelle.

On écrit *l'ami*, *l'amitié*, *l'historien*, au lieu de *le ami*, *la amitié*, *le historien*.

D. *Quels sont les mots qui, en français, prennent l'apostrophe ?*

R. Ce sont *le*, *la*, *je*, *me*, *te*, *ce*, *se*, *de*, *ne*, *que*, *si*, *lorsque*, *presque* et *entre*. Exemples : *j'aime*, vous *m'estimez*, *presqu'île*, *s'entr'égorger*, etc.

D. *Le* mot grande *ne prend-il pas l'apostrophe devant certains mots commençant par une consonne ?*

R. Oui, on écrit *grand'faim*, *grand'peur*, *grand'chère*, *grand'salle*, *grand'messe*, etc.

CHAPITRE TROISIÈME.

DE LA CÉDILLE. (؟)

D. *Qu'est-ce que la cédille ?*
R. La cédille est un petit caractère que l'on met sous le *c*, pour lui donner le son doux devant *a*, *o*, *u*. Exemple : il *reçut*, *il prononça*.

CHAPITRE QUATRIÈME.

DU TRÉMA. (··)

D. *Qu'est-ce que le tréma ?*
R. Ce sont deux petits points qu'on met sur les voyelles *e*, *i*, *u*, pour indiquer, que ces lettres doivent être prononcées séparément. Ainsi on écrit avec le tréma : *Moïse*, *Caïn*, *ciguë* ; sans ce signe, on prononceroit *Moise*, *Cain*, *cigue*.

H 2

CHAPITRE CINQUIÈME.

DU TRAIT D'UNION. (-)

D. *Quel est l'usage du trait d'union?*

R. Le trait d'union est une petite ligne horisontale destinée à partager un mot qui ne pouvant pas être mis tout entier dans une ligne , est achevé dans la suivante.

D. *N'emploie-t-on pas encore le trait d'union dans d'autres cas?*

R. On emploie encore le trait d'union dans cinq circonstances.

1.º Quand les monosyllabes *ci*, *ça* et *là* sont joints à quelques mots que ce soit, de manière qu'on ne puisse les séparer en parlant, comme *celui-ci; celui-là, ci-dessus, là-haut.*

2.º Quand deux ou trois mots sont tellement joints ensemble , qu'ils n'en font plus qu'un, comme *avant-coureur, arc-en-ciel, chef-d'œuvre, garde-fou,* etc.

3.º Entre les verbes et les pronoms, Exemple: *vient-il, irez-vous, est-ce vous?*

4.º Entre *très*, adverbe, et le mot qu'il modifie. Exemple : *très-sage, très-prudent,* etc.

5.° Entre le mot *même* et le pronom qui le précède. Exemple : *moi-même, toi-même, lui-même,* etc.

CHAPITRE SIXIÈME.

DU TRAIT DE SÉPARATION. (———)

D. *Qu'est-ce que le trait de séparation ?*

R. Le trait de séparation est, comme le trait d'union, une ligne horisontale, dont cependant la destination n'est pas la même. Le trait de séparation indique, dans le dialogue, le changement des personnages qui s'entretiennent.

Voici un petit conte qui offre plusieurs exemples du trait de séparation.

LE BON PÈRE.

Par PONS (de Verdun.)

Vous êtes triste, ou vous le paroissez,
Mon fils Thomas ? — Oh ! je le suis, mon père.
— De quoi ? — De voir qu'à vingt-cinq ans passés,
Je ne suis pas encor votre confrère ;
Pour l'être, enfin, n'ai-je pas fait assez ?
— Vous sentez-vous digne de vos modèles ?
— Sur ce point-là, tous vos vœux son comblés ;

Cédez-moi votre étude, et de vos propres aîles ;
je volerai demain, si vous voulez.
— Je vous la cède, allons, mon fils, volez.

CHAPITRE SEPTIÈME.
DES GUILLEMETS. (»)

D. *QUEL est l'usage des guillemets ?*
R. Les guillemets sont deux virgules
qui s'emploient, pour distinguer certaines
citations que l'on insère dans la suite d'un
discours.

Le conte suivant nous fera connoître
l'usage des guillemets.

L'ANE RETROUVÉ.
*Par M. H.****

LUCAS à pied menoit à son village
Six ânes qu'à la foire il venoit d'acheter.
Quand il eut bien marché, fatigué du voyage ;
Sur l'un des animaux, il crut devoir monter :
    Mais quelle fut sa surprise et sa peine,
De voir devant ses yeux cinq baudets seulement,
    Au lieu de la demi-douzaine
Qu'en partant, il avoit sous son commandement.
    Trois fois, le compte il recommence,
Et toujours oubliant l'âne qu'il a sous lui,
    Trois fois de son mortel ennui
    Il sent croître la violence.
    En sanglotant, le rusé villageois
Retourne sur ses pas ; il court à droite, à gauche :
    Pendant quatre heures, il chevauche,

Par monts, par vaux, et jusqu'au fond des bois.
Après s'être donné vainement la torture,
Il regagne enfin sa maison ;
Et sans descendre du grison,
Qui lui sert de digne monture,
A sa femme il déduit sa piteuse aventure.
« Calme toi, pauvre sot, lui dit-elle, tout net !
» Tu n'en comptes que cinq, et moi, j'en trouve
sept. »

CHAPITRE HUITIÈME.
DE LA PARENTHÈSE. ( )

D. *Qu'est-ce que la parenthèse ?*

R. La parenthèse est formée de deux crochets mis en face l'un de l'autre, entre lesquels on place un ou plusieurs mots, quelquefois même un phrase entière, pour rendre le discours plus clair.

EXEMPLE :

LE CHIEN QUI A MORDU SON MAITRE.

FABLE. --- *Par* * * *.

Après un bon ami, je crois qu'un chien fidèle,
Est le plus précieux trésor.
Un homme en avoit un, qui pour lui plein de zèle,
Gardoit soigneusement sa maison et son or.
Un soir que l'animal étoit en sentinelle,
(C'étoit au temps du carnaval.)
Le maître revenant du bal,

Rentre dans le logis, couvert d'un masque horrible,
   Le chien le prend pour un voleur,
   Et soudain d'une dent terrible,
   Il déchire son bienfaiteur.
   Mais quand il vint à reconnoître
   Ce bienfaiteur et ce bon maître
Qu'il a, sans le savoir, blessé cruellement ;
Pénétré de douleur, et plein d'étonnement,
   Il s'enfuit, il hurle sans cesse :
   Il refuse tout aliment.
   En vain son maître le caresse,
Le flatte de la main, lui parle avec douceur ;
   Ces témoignages de tendresse
   Ne font qu'augmenter sa fureur ;
Il s'obstine à mourir de faim et de douleur.

D'un auteur non suspect j'ai tiré cette histoire ;
   Les ingrats pourront-ils la croire,
   Sans rougir de leur mauvais cœur ?

CHAPITRE NEUVIÈME.

Des Lettres Majuscules ou Capitales.

D. *Qu'appelle-t-on lettres majuscules ou capitales ?*

R. On donne le nom de lettres majuscules ou capitales, à des lettres qui surpassent un peu par leur forme les autres caractères des mots qu'elles commencent.

D. *Quel emploi fait-on des lettres majuscules ?*

R. On emploie ces lettres au commencement des noms propres d'hommes , de
lieux , d'arts , de sciences , de fêtes , et
au commencement des phrases et des vers.

Les fables que nous avons citées dans
le cours de ce petit ouvrage offrent une
foule d'exemples de l'emploi des lettres
majuscules.

DE LA PONCTUATION.

D. *Qu'est-ce que la ponctuation ?*

R. La ponctuation est l'art de diviser,
par le moyen de certains signes, les diverses
parties du discours.

D. *Quels sont les signes de la ponctuation ?*

R. Ce sont : la *virgule* , le *point et la
virgule* , les *deux points* , le *point simple* , les *points suspensifs* , le *point d'admiration* ou *d'exclamation* , et le *point
d'interrogation.*

D. *Faites-nous connoître l'usage le plus
fréquent des signes de la ponctuation?*

R. La virgule indique un léger repos ,
et sert à séparer dans une phrase des
substantifs, des adjectifs, des verbes, etc.,
qui ne dépendent pas les uns des autres.

I

Le point et la virgule indique un repos plus long que la virgule, et se met à la fin d'une phrase qui, quoique achevée, a cependant quelque rapport avec la suivante.

Les deux point annoncent une citation.

Le point fait connoître que le sens de la phrase est entièrement fini.

Les points suspensifs désignent un trouble dans les idées.

Le point d'admiration ou d'exclamatiou annonce un mouvement de surprise, de joie, de douleur, etc.

Le point d'interrogation se trouve à la fin des phrases où l'on interroge.

La fable suivante nous offre la réunion de tous les signes de la ponctuation.

LE CHIEN COUPABLE.

Par M. FLORIAN.

MON frère, sais-tu la nouvelle?
Moufflard, le bon moufflard, de nos chiens le
   modèle,
Si redouté des loups, si soumis au berger,
  Moufflard, vient, dit-on, de manger
Le petit agneau noir, puis la brebis sa mère;
Et puis sur le berger s'est jeté furieux.
  — Seroit-il vrai? — Très-vrai, mon frère.
 — A qui donc se fier, grands Dieux?

C'est ainsi que parloient deux moutons sur la
      plaine ;
    Et la nouvelle étoit certaine.
    Moufflard , sur le fait même pris ,
    N'attendoit plus que le supplice ;
Et le fermier vouloit qu'une prompte justice
    Effrayât les chiens du pays.
    La procédure en un jour est finie.
Mille témoins pour un déposent l'attentat ;
Recolés , confrontés , aucun d'eux ne varie.
Moufflard est convaincu du triple assassinat ;
Moufflard recevra donc deux balles dans la tête ,
    Sur le lieu même du délit ;
    A son supplice qui s'apprête ,
    Toute la ferme se rendit.
Les agneaux de moufflard demandèrent la grace ;
Elle fut refusée. On leur fit prendre place.
    Les chiens se rangèrent près d'eux ,
Tristes , humiliés , mornes , l'oreille basse ,
Plaignant , sans l'excuser , leur frère malheureux.
Tout le monde attendoit dans un profond silence.
Moufflard paroît bientôt , conduit par deux pas-
    teurs ;
Il arrive , et , levant au ciel les yeux en pleurs ,
    Il harangue ainsi l'assistance :
« O vous , qu'en ce moment , je n'ose et je ne puis
Nommer, comme autrefois, mes frères , mes amis !
    Témoins de mon heure dernière ,
Voyez où peut conduire un coupable désir !
De la vertu , quinze ans , j'ai suivi la carrière ;
    Un faux pas m'en a fait sortir ;
Apprenez mes forfaits : au lever de l'aurore ,
Seul, auprès du grand bois, je gardois le troupeau ;
    Un loup vient , emporte l'agneau ,
    Et tout en fuyant le dévore.
Je cours , j'atteins le loup, qui , laissant son festin ,

Vient m'attaquer ; je le terrasse ,
Et je l'étrangle sur la place.
C'étoit bien jusques-là ; mais, pressé par la faim,
De l'agneau dévoré je regarde le reste ;
J'hésite , je balance.... A la fin , cependant ,
J'y porte une coupable dent :
Voilà de mes malheurs l'origine funeste.
La brebis vient dans cet instant ;
Elle jette des cris de mère....
La tête m'a tourné ; j'ai craint que la brebis
Ne m'accusât d'avoir assassiné son fils ;
Et , pour la forcer à se taire ,
Je l'égorge dans ma colère.
Le berger accouroit , armé de son bâton ;
N'espérant plus aucun pardon ,
Je me jette sur lui : mais bientôt on m'enchaîne ,
Et me voici prêt à subir
De mes crimes la juste peine.
Apprenez tous , en me voyant mourir ,
Que la plus légère injustice ,
Aux forfaits les plus grands peut conduire d'abord ;
Et que , dans le chemin du vice ,
On est au fond du précipice ,
Dès qu'on met un pied sur le bord.

F I N

www.ingramcontent.com/pod-product-compliance
Ingram Content Group UK Ltd.
Pitfield, Milton Keynes, MK11 3LW, UK
UKHW031843170726
13836UKWH00004B/1857